COMMANDANT VALMYRE BIENFAIT

ANCIEN ÉLÈVE DE L'ÉCOLE NORMALE DE LAON

COMME CEUX
DE
QUATRE-VINGT-DOUZE

PRÉFACE DE M. EMILE SALÉ
ANCIEN INSTITUTEUR INSPECTEUR PRIMAIRE HONORAIRE

LETTRE AVANT-PROPOS DE M. BARTHOU
ANCIEN PRÉSIDENT DU CONSEIL

MULHOUSE
IMPRIMERIE ERNEST MEININGER
1920

COMME CEUX DE QUATRE-VINGT-DOUZE

COMMANDANT VALMYRE BIENFAIT

ANCIEN ÉLÈVE DE L'ÉCOLE NORMALE DE LAON

COMME CEUX DE
QUATRE-VINGT-DOUZE

EXTRAITS

DU CARNET DE CAMPAGNE D'UN INSTITUTEUR OFFICIER

DE RÉSERVE

PRÉFACE DE M. EMILE SALÉ

ANCIEN INSTITUTEUR INSPECTEUR PRIMAIRE HONORAIRE

LETTRE AVANT-PROPOS DE M. BARTHOU

ANCIEN PRÉSIDENT DU CONSEIL

DEUXIÈME MILLE

MULHOUSE

IMPRIMERIE ERNEST MEININGER

1920

PRÉFACE

Voilà un ouvrage que l'auteur m'a demandé de présenter au public. Il a voulu que cet ouvrage où il n'est parlé que guerre, combats, bombardements, tranchées et autres choses d'épouvante eut pour parrain, non pas un militaire comme on pourrait le croire, mais un vieux maître d'école d'humeur pacifique, sous prétexte qu'il a été écrit par un jeune maître qui fut autrefois d'humeur pacifique.

D'humeur tellement pacifique qu'il parut suspect à certains foudres de guerre.

Mais si mon jeune camarade aimait la paix, il sut vaillamment faire la guerre.

Parti de sa petite école le 1er août 1914 comme lieutenant de réserve, il était nommé chef de bataillon en 1916 et fait Chevalier de la Légion d'Honneur.

Ce qui prouve que si les moutons deviennent enragés...

Je ne sais si Bienfait fut un foudre de guerre. Mais je puis bien dire, sans hausser la voix, qu'il s'est admirablement conduit.

Il était donc instituteur à Vauxaillon (Aisne). Intelligent et actif, il apportait à l'œuvre d'éducation le dévouement qu'il apporta ensuite à l'œuvre de guerre. Instituteur, il militait pour la paix ; soldat, il combattit pour la paix *encore. A l'Ecole, à l'Armée, c'est la même foi, le même cœur, la même âme.*

Jetons un regard sur ses états de services.

Parti le 1ᵉʳ août, il va tout droit à la frontière. Le 14 septembre, il est fait capitaine sur le champ de bataille, dans les marais de Saint-Gond. Le 19 du même mois, il reçoit dans les reins un éclat d'obus qui l'éloigne un instant de sa compagnie. Le 20 octobre 1915, il est intoxiqué par les gaz à La Pompelle. Le 28 septembre 1917, il est brûlé dans diverses parties du corps par d'autres gaz, au bois des Caurières. Enfin, le 23 juillet 1918, aux environs de Château-Thierry, il a les jambes brisées par plusieurs éclats d'obus. Il pleure de rage en s'éloignant sur une civière du champ de bataille à l'heure où s'annonce la Victoire... Je ne veux pas rappeler ici les cinq citations élogieuses qu'il a obtenues. Toutes constatent sa confiance, son sang-froid, son audace, le don de soi avec un entrain qui lui assure la confiance et la sympathie de ses subordonnés. Il marche en avant, quel que soit le danger. On le suit. Vous voyez comme c'est simple. Et quand le général lui demande quel est l'esprit de ses hommes, il répond sans hésiter : Admirable ! Et en effet, l'esprit de sa compagnie, de son bataillon est fait avec le sien. Il va où il doit : ses hommes vont où il va.

Le capitaine Bienfait fut promu chef de bataillon en juin 1916 et décoré le 14 juillet.

Depuis lors, il a été proposé deux fois pour la rosette.

On a quelquefois, avant la guerre, parlé légèrement de l'instituteur.

Mais les décorations, ce n'est pas ce qui importe. Ce qui importe, c'est l'homme.

Je vois en cet homme un instituteur et un soldat.

L'instituteur, pendant la guerre, a répondu en faisant largement son devoir. Nul n'ignore aujourd'hui de quoi ont été formés les cadres de l'armée nationale. Nombre de maîtres sont devenus sous-officiers, officiers et même officiers supérieurs. Bienfait en est le type. Celui qui fut sottement accusé d'antimilitariste s'est révélé soldat vaillant et avisé, patriote dévoué, chef entraînant. Puisse-t-il avoir vaincu la calomnie comme il a vaincu l'Allemand.

Mais je m'attarde à parler de l'instituteur et du soldat, oubliant que je me suis engagé à parler du livre.

Le livre ? Eh bien, c'est encore une manifestation du caractère de l'homme.

Tout en se battant comme un diable — je voulais dire : comme un héros — il pense à ses élèves. C'est pour eux qu'il prend des notes : quand il sera de retour à Vauxaillon, dans les soirées d'hiver, il ouvrira son carnet et en lira les pages, rouges de sang, à ses élèves, aux adultes.

Voici l'idée d'où est né l'ouvrage.

Pour ne pas dire : « J'étais là; j'ai fait telle chose », sachant que « le moi est haïssable », l'auteur met en scène un Ardenne qui lui ressemble comme un frère.

Mais il n'oublie pas ses compagnons. Il pleure à la mort de son ami Vélain, capitaine adjudant major. Et comme j'ai connu cet enfant, ce héros, je pleure à mon tour. Encore un instituteur-soldat. Et combien d'autres ! Il semble que le chef de bataillon Ardenne exerce une attraction sur le monde enseignant. Il y a autour de lui, des maîtres venus de tous les points de la France. Le bataillon Ardenne est un bataillon d'instituteurs. La mitraille ne les ménage point. Mais il n'y a pas à dire, ils savent mourir comme les héros de Sparte et ceux de la Révolution.

Ne nous étonnons donc point que Bienfait ait intitulé son livre : Comme ceux de Quatre-Vingt-Douze *et ait ajouté en sous-titre :* Extraits du Carnet de Campagne d'un Instituteur Officier de Réserve.

Ce livre n'a nulle prétention littéraire.

Bienfait, blessé, a ouvert son carnet, là-bas, dans un hôpital du Midi, et au crayon, dans les temps d'ennui, il a rédigé ses notes. Pas de littérature : de la vérité. Pas de thèse : des faits... Il a dû voir, comme les autres, des choses pénibles. Elles l'ont attristé un instant. Mais les tares inévitables, même dans les corps les plus robustes, ne pouvaient retenir longtemps son attention. Il a confiance dans le succès. Il oublie vite les erreurs ou les crimes et s'attache aux dévouements et aux héroïsmes. C'est un optimiste impénitent.

J'ai lu d'autres ouvrages sur la guerre. Il en est de mieux écrits. Mais aucun ne m'a laissé une impression aussi bonne et aussi saïne. Tel ouvrage se complait à retracer des horreurs et à les étaler avec un art infini; tel autre nous montre la guerre moderne sans nous faire voir le guerrier : le soldat triomphe ou meurt sans avoir fait autre chose que d'être venu là. Le combattant n'est qu'une unité sans pensée... Bienfait, lui, a vu des hommes qui offraient à la France le sacrifice de leur vie; ils connaissaient le danger et y couraient en chantant ou en hurlant. Il voit dans ses soldats, dans les officiers, ses camarades, les fils des héros de la Révolution et se plaît à nous raconter leurs exploits. Le livre de Bienfait n'est pas un livre d'histoire; c'est un livre où il raconte des histoires, de belles, de réconfortantes histoires qui nous donnent des émotions fortes, et délicieuses aussi, qui nous relèvent à nos propres yeux, qui nous inclinent au respect envers les vaillants du temps passé et au respect, à la reconnaissance envers ceux qui pendant la « grande guerre » ont rivalisé de dévouement et d'héroïsme avec les anciens.

Les jeunes liront cela.

Si j'étais instituteur, je me hâterais de placer dans ma bibliothèque scolaire « Comme ceux de Quatre-Vingt-Douze ».

J'ai la conviction qu'il n'y moisirait pas.

EMILE SALÉ,
ancien instituteur,
Inspecteur primaire honoraire.

AVANT-PROPOS

Comment nos instituteurs se battent

3 octobre 1916.

Nos instituteurs se sont bien battus. Savez-vous le nom du premier soldat français tombé sous les balles allemandes ? Il s'appelait Jules André PEUGEOT, et il était instituteur. Si connue que soit cette histoire, elle ne l'est pas assez à mon gré, et je ne manque pas une occasion d'y revenir. L'esprit de parti, prompt à s'emparer de cas individuels ou de manifestations exceptionnelles, avait englobé tout le corps enseignant dans une sorte d'accusation collective. Il semblait, à l'entendre, que la négation de la patrie fît le fond de l'enseignement public. Cette calomnie s'était frayée un joli, ou plutôt un vilain chemin. Grossie, enflée, exploitée, elle avait fini par jeter un doute sur le patriotisme des instituteurs de France. Il fallait les défendre ! C'est pour eux une douloureuse, mais une noble revanche que la première victime de la guerre ait appartenu à l'enseignement primaire.

Peugeot était âgé de vingt et un ans. Sa mère était institutrice. Il avait la vocation. Son dossier, qui ne renfermait qu'un rapport, rendait hommage à son zèle. Au moment de la mobilisation, Peugeot était caporal au 44ᵉ régiment d'infanterie. Le 2 août 1914, il organisait un petit poste à Joncherey, près de Delle, lorsque des cavaliers allemands furent

*signalés. On était à douze kilomètres de la
frontière. La guerre n'était pas encore déclarée.
C'est l'un des nombreux incidents qui démon-
trent, il faut le dire en passant, la prémé-
ditation et l'agression allemandes. Peugeot
s'avança vers les cavaliers et fit à l'officier
qui les commandait, le lieutenant Mayer, les
sommations réglementaires. Pour toute réponse
la brute galonnée tira trois coups de révolver
sur le courageux défenseur du sol national et
du droit. Mortellement atteint, Peugeot eut,
avant de tomber, l'énergie d'épauler son fusil
et d'abattre son agresseur. Puis il fit quelques
pas et s'affaisa sans un cri. C'est une brève
et tragique histoire. Les obsèques de Peugeot
eurent lieu le jour même de la déclaration
de guerre, au milieu d'une affluence énorme,
que secouait une émotion profonde. Cette
glorieuse victime aura son monument national.
Dans la souscription ouverte, j'ai relevé des
noms qui appartiennent à tous les partis et à
toutes les confessions religieuses.*

*Cette réconciliation sur le nom d'un insti-
tuteur laïque, mort en défendant la France,
a toute la valeur d'un symbole. Je comprends
que le corps des instituteurs en soit fier, mais
j'ajoute qu'il en est digne. Il m'est interdit
de vous donner le nombre des membres de
l'enseignement à tous les degrés qui sont
tombés ou qui ont été blessés en service de
guerre. Je m'incline, quoique j'avoue ne pas
en comprendre la raison décisive, devant la
règle, dont la censure assure rigoureusement
l'exécution, qui ne permet ni de publier la liste*

complète de nos pertes, ni de faire dans cet ensemble des classifications professionnelles. La liste des instituteurs est significative et émouvante. Quand elle sera connue, puisque aussi bien il faudra quelque jour qu'elle le soit, elle constituera la plus noble réponse à des détracteurs dont beaucoup déjà se sont honorés en reconnaissant et en réparant leur erreur. Du moins puis-je dire qu'il y a trois mois, l'enseignement public avait recueilli environ trois mille citations diverses à l'ordre du jour, 170 croix de la Légion d'honneur et 180 médailles militaires.

Les membres de l'enseignement primaire ont leur large part dans ce glorieux tableau d'honneur. Officiers et sous-officiers, ils paient vaillamment d'exemple. Leur instruction et leur préparation les destinaient aux grades. Ils les remplissent avec un zèle et un dévouement, une initiative et un courage, dont leurs chefs ont plusieurs fois devant moi porté témoignage. J'en sais qui sont commandants. Au sortir d'un ouragan d'acier, après une terrible bataille, l'un d'eux, dont la femme est institutrice, écrivait : « Mon bataillon a été « admirable, non pas grâce à mon action, car « j'en ai pris le commandement au début du « combat, mon supérieur ayant été blessé en « arrivant, mais grâce à mon prédécesseur, le « commandant Marienval, qui a donné à ses « hommes un tel sentiment du devoir que pas « un n'a abandonné son poste, que nous « n'avons eu ni un déserteur, ni un disparu, « ni seulement un prisonnier... Je viens

« *d'être cité une nouvelle fois à l'armée, fait*
« *chevalier de la Légion d'honneur et nommé*
« *commandant. Si je rentre dans l'enseigne-*
« *ment après la guerre, comme je l'espère, je*
« *serai cette fois qualifié pour faire des leçons*
« *sur la Patrie, et je ne serai sans doute plus*
« *appelé dangereux antipatriote et anarchiste*
« *du congrès de Chambéry. Mes collègues*
« *instituteurs sont généralement gradés et bien*
« *gradés, si j'en juge par ce que j'entends*
« *dire par mes supérieurs et par ce que je*
« *vois ; on trouve des instituteurs officiers,*
« *souvent commandants de compagnie, et une*
« *énorme proportion de sous-officiers, dont*
« *plus de la moitié ont la croix de guerre... »* (1)

Que pourrais-je ajouter à cette lettre, écrite pour l'intimité, et dont un Suisse, qui aime la France m'a donné communication ? Elle dit tout avec une sobriété exempte de fausse litté-rature, le passé, le présent, l'avenir. L'évocation du congrès de Chambéry n'est pas pour me déplaire. Le silence ne supprime pas les faits, et ceux que l'on amnistie n'en comportent pas moins une leçon. Je doute, commandant, que vous fussiez à Chambéry. Je suis sûr, quoique seule votre lettre vous ait fait connaître à moi, que vous n'approuvâtes pas, si vous y fûtes, les conclusions de ce congrès malencontreux et tapageur. L'erreur qui l'inspira appartient au passé. Elle procédait d'un humanitarisme sentimental et d'un internationalisme crédule dont l'agression allemande a rudement secoué

---

(1) *Lettre écrite en Suisse par le Commandant Ardenne en 1916.*

les illusions. Quelques-uns des congressistes, revenus de leur rêve, ont pris le fusil et sont tombés face à l'ennemi. Je salue leur mémoire. Cette mort a tout réparé et tout effacé.

Entre les instituteurs de France et la France, il n'y aura plus de malentendu. Ceux qui se battent pour la Patrie pourront donner, avec une force accrue, des leçons sur la Patrie. L'un d'eux, blessé, a dit un mot profond : « Une béquille ne va pas mal à un maître d'école. » Qu'elles soient portées par un instituteur ou par un prêtre, par un bourgeois ou par un paysan, par le général Maleterre ou par un inconnu, les béquilles gagnées sur le champ de bataille — je dis gagnées à dessein — n'iront mal à personne. Elles seront un symbole, un exemple et un rapprochement. Blessés ou non, les instituteurs reviendront du front avec des yeux nouveaux. Ils auront, comme tous les Français, pris le goût de la tolérance et savouré les joies de la fraternité. Ceux qui les ont méconnus leur rendront justice. Ils seront, eux aussi, plus attentivement justes envers des hommes ou des partis qu'ils étaint portés à considérer comme des adversaires. La guerre est la grande école. On y apprend beaucoup et on n'y oublie pas moins. Il faudrait plaindre ceux qui n'auraient rien appris ni rien oublié.

Louis Barthou,

Député, ancien président du Conseil.

« *Les Annales* », Juillet 1916.

Aux Instituteurs de l'Aisne

morts pour la France

A nos grands morts de 1870

LEROY, DEBORDEAUX, POULETTE

FUSILLÉS PAR LES PRUSSIENS

A ceux de 1914—1918

AMAT, instituteur à Château-Thierry.

BAILLON, directeur d'Ecole primaire supérieure à Hirson.

BAILLY, instituteur en congé à Ribemont.

BASTIEN, instituteur en congé à Beaurevoir.

BATAILLE, instituteur en congé à Guise.

BÉGARD, professeur-adjoint à l'Ecole P. S. de Bohain.

BERNIER, instituteur à Concevreux.

BENOIT, élève-maître à l'Ecole Normale de Laon.

BERNADAC, instituteur à Gland.

BERTHE, instituteur à Villers-Cotterets.

BLANCHARD, instituteur à Hirson.

BLONDELLE, instituteur à Saint-Quentin.

BON Alcide, instituteur à Merval.

BOUQUET, instituteur à Bazoches.

BOURÉ, instituteur à Œuilly.
BOURGEOIS, instituteur à Quessy.
BRIATTE, instituteur à La Capelle.
BOUYENVAL, instituteur à Saint-Quentin.
CABY Raphaël, instituteur à Jussy.
CHRISTEL, instituteur à l'E. P. S. de Vervins.
CARPENTIER, élève-maître à l'Ecole Normale
    de Laon.
CHAPLET, instituteur à Pont-Saint-Mard.
COLIN, instituteur à Remaucourt.
CATHRIN, instituteur à Saint-Michel.
DAMHET, instituteur à Fresnoy-le-Grand.
DIZY, instituteur à Mennevret.
DEBOUZY, instituteur à Brumetz.
DEHAN, instituteur à Bohain.
DELALOT, élève sortant de l'Ecole Normale.
DELVAS, instituteur à Le Sart.
DUPONT, élève-maître à l'Ecole Normale.
DUFOUR, instituteur en congé.
DESTRÈS, instituteur à Hirson.
DÉRUELLE, instituteur à Voharies.
DOLOY, instituteur à Neuvillette.
DUBOST, instituteur à Chauny.
DUGUÉ, instituteur à Château-Thierry.
DUPLESSIS, instituteur à Savy.
DURIN, élève sortant de l'Ecole Normale.
DUPUIS, instituteur à Besmé.
DUTERQUE, instituteur à La Capelle.
DUVAL, instituteur à Saint-Quentin.
ELARDIN, professeur au Collège de Château-
    Thierry.
FARCÉ, instituteur à Chéry-les-Rozoy.
FAVROT, instituteur à Bohain.
FAY, instituteur à Athies.

FEUILLET, instituteur à Soissons.

FIESCHY, élève-maître à l'Eeole Normale.

FOURÉ Paul, de Vassens.

GARLOT, instituteur à Charly.

GLADIEUX, instituteur.

GORGE, instituteur à Billy.

HARLAUX, instituteur à l'Ecole annexe de l'Ecole
Normale.

HÉLIN, instituteur à Saint-Bandry.

HENNEQUIN, instituteur à Dampleux.

HOCQMILLERS, instituteur à Courmelles.

HOPPILLART, professeur au Collège de Château-
Thierry, disparu.

INGLÈRE, instituteur à La Fère.

JACOPS, instituteur à Prémont.

JÉZOU, instituteur à l'Ecole annexe de l'Ecole
Normale.

JONGLEUX, instituteur à Vervins.

LAMIABLE, instituteur à Pargny-la-Dhuys.

LEDUC, instituteur à Laversine.

LE SAOS, instituteur à Château-Thierry.

LEGAY, instituteur à Buironfosse.

LEMAIRE, instituteur à La Chapelle Montondon.

LESUR, instituteur à Bohain.

LOUBRY, instituteur à Happencourt.

LEGRAND, instituteur à Guise.

LERICHE, instituteur à Fresnoy-le-Grand.

MAILLARD, instituteur à Chauny.

MARCAJOUS, instituteur à Tergnier.

MARTELLE, instituteur à Soissons.

MERCIER, instituteur à Braine.

MÉRESSE, instituteur à Coingt.

MIEN, instituteur à Landouzy.

MIROY, instituteur à Saint-Michel.

MOREAUX, élève-maître à l'Ecole Normale.
MOUNY, élève sortant de l'Ecole Normale.
MARTIN, instituteur à Cuffies.
MOLLIÈRE, entré à l'Ecole Normale de Saint-Cloud.

NIVELLE, instituteur à Marle.
NOÉ, instituteur à Hirson.
NOEL, instituteur à La Ville-aux-Bois-les-Dizy.
OBERT, élève-maître à l'Ecole Normale.
PETIT, instituteur à Parfondru.
PICARD, instituteur à Romeny.
PAYEN, instituteur à Tergnier.
POUILLART, instituteur à La Chapelle-sur-Chézy.
PARANT, ancien élève, professeur à l'Ecole Normale de Douai.

POULAIN, instituteur à Jouaignes.
RÉAS, instituteur à Chivres.
RIOMET, instituteur à Troënes.
RIVERET, instituteur à Beaurevoir.
ROCHE, instituteur à Chartèves.
ROY, instituteur à Frières-Faillouel.
RENAUD, instituteur à Villemoyenne.
SIMON, instituteur à Saint-Quentin.
SOLLIER, instituteur à Pagniers.
STÉVENIN Pol, en congé.
STÉVENIN, ancien élève, entré à l'E. N. ae Saint-Cloud.

TESTART, instituteur à Arcy-Sainte-Restitue.
THIBON, instituteur à Soissons.
THUILLIER, instituteur à Rozoy-sur-Serre.
THUILLIER, instituteur à Hirson.
VARLOT, instituteur à Manicamp.
VARLOT, instituteur à Selens.

Varoquier, instituteur à Missy-sur-Aisne.
Varet, ancien élève, inspecteur à Poligny.
Vélain, instituteur à Puiseux.
Venet, élève-maître à l'Ecole Normale.
Warain, élève-maître à l'Ecole Normale.

Presque tous ces maîtres étaient officiers ou sous-officiers, décorés de la Légion d'Honneur, ou médaillés militaires, ou titulaires de la Croix de Guerre.

Aux noms de ces braves, on peut joindre celui du jeune instituteur Maurice Marlier qui, bloqué à Saint-Quentin par l'invasion, essaya de s'échapper, fut arrêté en Belgique et condamné à 18 mois de cellule, au terme desquels il réussit à s'évader en Hollande et de là, en Angleterre où il mourut d'émotion au moment de s'embarquer à Folkestone pour la France.

A mes élèves !

C'est la rentrée des classes !

Je pense à ma petite école de Vauxaillon, bâtie au pied de la fameuse Route-des-Dames, écrasée, broyée, puis disparue sans même nous laisser ses ruines, après les bouleversements d'une lutte effroyable.

Je pense à mes chers élèves morts pour la Patrie, emmenés en esclavage par l'envahisseur, ou chassés par lui et éparpillés dans toute la France.

Je pense à tous nos écoliers auxquels je veux dire simplement la vie de leurs pères, de leurs frères, de leurs maîtres en cinquante mois de guerre.

Blessé grièvement, inapte à faire campagne pour de longs mois, je puis tenir, sinon une épée, du moins une plume.

S'il m'est impossible d'être soldat, je puis redevenir instituteur.

Je tire donc de mon carnet de route quelques récits de notre rude existence.

Hôpital militaire de Toulouse.

Octobre 1918.

V. BIENFAIT.

LAON ET LES ARDENNES

C'est la guerre !

1er août 1914.

— « Papa, un gendarme te demande à la maison ! » dit le petit Pierre, accourant tout essoufflé auprès de son père, instituteur de la commune, « viens vite, il veut que tu lui signes une grande enveloppe jaune; dépêche-toi ! il est pressé. »

Ardenne comprend. Il quitte la salle d'attente où il cause avec le chef de gare et le général Dieudonné qui va prendre le commandement de l'artillerie d'une grande place de l'Est.

En quelques bonds, le voici à l'école ; le gendarme lui tend le pli qu'il déchire fièvreusement...

C'est bien cela, il savait !

Des mots sautillent devant ses yeux : Mobilisation... lieutenant Ardenne... dépôt de... Régiment de réserve... rejoindre... immédiatement et sans délai...

C'est la guerre, il faut partir !

L'instituteur est bouleversé !

Il ne peut croire à cette chose monstrueuse : la guerre. C'est l'écroulement de ses rêves de fraternité universelle, car il est pacifiste ardent...

Non ! On ne se battra pas ! On mobilise, c'est vrai ! Mais on ne peut pas se battre; c'est impossible !

La France ne veut pas la guerre ! Si le Kaiser et ses hobereaux la désirent, les socialistes allemands vont se dresser contre eux, contre le militarisme prussien...

Le lieutenant Ardenne frémit, mais se raidit !... Son cerveau bouillonne...

Inutile, d'ailleurs, de discuter... il faut partir ! et « *sans délai* » ! C'est un ordre.

La Patrie appelle à sa défense, elle crie : « *Aux Armes ! Pour l'indépendance, pour la Justice, pour la Liberté !* »

En avant !

Dans deux heures, l'instituteur-officier sera à la garnison voisine, incorporé dans le régiment de réserve.

Ses enfants se jettent à son cou en pleurant, tandis que leur maman, plus calme et plus forte, achève prestement la cantine en préparation depuis la veille.

Après les adieux poignants qui furent ceux de toutes les familles, l'officier se met en route, le cœur brisé, mais l'âme remplie d'espoir, sans cependant oser regarder en arrière...

Ardenne est volontaire

10 août 1914.

— « Lieutenant Ardenne ! »

— « Voilà, mon commandant ! »

— « Vous allez former la 28e compagnie de dépôt dont vous prendrez le commandement ! »

— « Mais, mon commandant, c'est impossible ! Je ne puis former et diriger une compagnie, je viens d'être nommé lieutenant; c'est tout au plus si je pourrai mener une section au combat, et je suis nul en administration ! »

— « Bon, ça va bien, en voilà assez, n'est-ce pas ? vous n'allez pas déjà « rouspéter »; d'ailleurs, je n'ai pas le temps de « discutailler », je donne des ordres ! exécutez ! Nous sommes militaires, ici ; ce n'est pas une réunion publique ! »

Ardenne juge prudent de ne pas insister; le commandant du dépôt est surchargé de besogne, son rôle est difficile, délicat, ingrat et... ce n'est pas le moment de l'importuner.

Tristement, la tête basse, un peu embarrassé par son sabre qui sonne sur le pavé, l'officier de réserve quitte le bureau de la mobilisation où l'on s'agite fièvreusement et se dirige vers la Citadelle, célèbre depuis 1870...

Là, deux ou trois milliers de réservistes attendent, se promènent dans les couloirs, marchent vers la cantine, ou « cassent une croûte » sur les glacis de la vieille forteresse.

On les rassemble dans la cour d'honneur, on les groupe...

Les adjudants de bataillon, l'air important, se gonflant, tortillant leur moustache « poivre et sel » qui broussaille, hurlent et font l'impossible pour réprimer le désordre, tandis que le « troupeau humain » peu à peu se tasse en quatre « paquets ».

« Voici les miens » pense Ardenne.

— « Garde à vous ! A mon commandement ! »

Les talons claquent, les têtes se dressent, les yeux se fixent sur Ardenne...

Déjà le « troupeau » devient une « troupe », les hommes deviennent des soldats...

On a senti le « Chef ».

— « En avant ! Direction : le Vieux Collège ! »

En tête, un sous-officier d'active guide la colonne ; le bruit des pas résonne sous les voûtes de pierres. On franchit le pont-levis des fortifications et, à quelques centaines de mètres, apparaît la caserne...

Ardenne réunit ses sous-officiers, désigne les chefs de section, se « débrouille »...

Dans la cour, les couloirs, les escaliers, les chambres, on crie, on rit, on chante, on s'interpelle, on se bouscule.

Des civils grimpent au magasin : ils en descendent soldats, plus ou moins équipés, portant pantalons, vestes, capotes, godillots par brassées qui débordent sur leurs épaules.

Le soir, ça prend tournure !

Deux cent cinquante hommes, vingt sous-officiers; tenue relativement bonne, figures réjouies.

Ardenne est content.

Il a reconnu là des camarades instituteurs, des paysans du Laonnois, plusieurs de ses anciens élèves, des Parisiens blagueurs, des cultivateurs et des étudiants, des ouvriers et des patrons... des réservistes de toutes les classes de la société sont groupés autour du commandant de compagnie; le peuple tout entier a répondu au cri d'alarme et vient prendre les armes pour sauver la Patrie en danger, « *comme en quatre-vingt-douze* ».

L'instituteur se sent fier de former et de mener une telle troupe au combat ; il se promet de 'faire le maximum d'efforts pour être à la hauteur de sa rude tâche, pour s'imposer à sa compagnie.

. . . .

— « Tiens, Vélain ! »

C'est un jeune instituteur, sous-lieutenant de réserve. Il est navré, lui aussi, de rester au dépôt.

— « Ne vous faites donc pas de mauvais sang, jeunes impatients, la guerre va durer cinq ou six ans, vous partirez bien un jour ! » leur lance le capitaine Poli, un « vieux de la vieille ».

— « Est-ce que vous vous f... de nous ! » s'écrie Ardenne, furieux.

. . . .

A la décision du 6, on lit :

« Le sous-lieutenant X..., malade, est dans l'impossibilité de partir avec le régiment. Le colonel demande un officier volontaire pour le remplacer. »

— « Voici mon affaire, » pense Ardenne.

Le régiment, dit-on, va partir sur la Meuse, vers Mézières et Givet, aux environs du 10 août.

A cette même date, quarante-quatre ans plus tôt, le père de l'officier, engagé volontaire, quittait un petit village ardennais pour rejoindre les armées en campagne. C'est un exemple à suivre.

Avec ceux qu'il aime, Ardenne a souffert bien des fois et longuement rêvé sur les champs de bataille de Sedan, de Bazeilles, de Floing, d'Illy ; dans quelques semaines, quelques jours, peut-être, on va se battre, là encore, chez lui...

Il sent qu'il doit être un vengeur; le fils remplacera le père !

L'instituteur, élève de l'Ecole Normale de Laon, se souvient des glorieux « anciens », Leroy, Poulette et Debordeaux, fusillés lâchement par les agresseurs de 70 et qui crient : Justice !

Il veut montrer aux calomniateurs des maîtres laïques que si les instituteurs républicains osent aimer l'humanité, ils sont capables, le cas échéant, de défendre la Patrie, et peut-être même mourir pour elle.

Les instituteurs, pense Ardenne, doivent imiter les révolutionnaires de quatre-vingt-douze...

Et puis, il y a l'inconnu qui l'attire.

Si la guerre est le plus grand des maux, elle a quelque chose de terriblement sublime.

Entendre le sifflement des balles, le grondement du canon; vivre dans la boue et la neige, sous la pluie; endurer la plus effroyable misère; résister aux plus rudes privations, aux longues nuits sans sommeil; être un acteur de ce drame; exécuter sous le feu de l'ennemi, « *sans hésitation ni murmure* » les plus périlleuses missions; battre l'adversaire, le chasser du sol natal à coups de baïonnettes, le révolver au poing, pour contribuer à la Revanche du Droit, à la délivrance de la Patrie, à la restitution des provinces perdues, tout cela a quelque chose de poignant et de grandiose que l'officier veut vivre.

Il veut être un guerrier de la plus grande épopée.

C'est dans cet état d'esprit qu'Ardenne se présente au colonel qui lui dit : « Non ! gardez votre commandement ! C'est un sous-lieutenant qu'il me faut. D'ailleurs, allez former la 28e ! »

— « C'est fait, mon colonel.

Je préfère aussi de beaucoup aller en campagne comme chef de section que rester au dépôt comme commandant de compagnie. »

— « Eh ! bien ! entendu ! vous partirez avec nous le dix courant. Mettez-vous à la disposition du capitaine Bastien, 24e compagnie.

Sur la Meuse

Le 11 août, dans la nuit, la section Ardenne embarque. Destination inconnue...

Un départ a toujours quelque chose de triste et de grave ; mais quand on quitte ceux qu'on aime, laissant des petits enfants, une famille, peut-être pour toujours, c'est un moment atroce à passer, c'est une angoisse inexprimable qu'il faut vaincre.

Pourtant l'officier est alerte; il marche l'allure dégagée; il semble même joyeux et plein d'entrain.

Il a su maîtriser sa tristesse.

Un vague pressentiment lui montre déjà la Meuse, son pays, dans un beau rêve auréolé de gloire.

Oh ! quelle joie doublée de fierté, s'il allait combattre victorieusement, verser son sang, peut-être, dans les Ardennes !

. . . .

Au rassemblement du bataillon, à minuit, à la Caisse d'Epargne, tous les Laonnois sont là. Des parents, des amis, sont accourus pour dire au revoir, un dernier adieu, aux êtres chers qui s'en vont.

Ardenne, très entouré par ses amis de l'enseignement, presse une main qui se tend, rend un sourire, plaisante...

Dans la nuit, un coup de clairon résonne, qui donne le frisson...

— « Aux faisceaux ! »

Le drapeau passe...

— « Présentez armes ! »

On salue; la foule se découvre, acclame l'étendard tout neuf du régiment de réserve.

Ardenne, l'instituteur - officier, vibre et tremble; c'est la première fois qu'il se sent si ému à la vue d'un drapeau...

Un grand trou dans la colonne. C'est la place réservée à la 24e compagnie; elle s'y glisse, et martèle d'un pas sec et bien cadencé le pavé du faubourg.

Adieu, Laon ! au revoir ! A bientôt !...

On sent l'enthousiasme, l'entrain, la bonne humeur, et pourtant, plus d'un essuie furtivement, du revers de la main, une grosse larme qui s'écrase sur la joue.

En tête de sa section, Ardenne rêve avec une violente émotion.

C'est une rude chose, que de conduire des hommes à la mitraille !

Cependant il se reprend vite : il a deux bons camarades officiers; le capitaine a l'air d'un brave type; les troupiers semblent faciles à mener... ça ira !...

. . . .

Penchés aux portières, les officiers cherchent, dans la nuit, la direction prise par le train... C'est Liart !... Voici la forêt de Samoussy, les marais de Notre-Dame de Liesse... Certainement le régiment s'enfonce vers la sombre forêt, vers les fagnes, vers les rièzes de Rocroi...

La division se rassemble à l'ouest de Mézières ; la 24e compagnie cantonne à Aubigny-les-Pothées, et, dans quelques marches d'approche, se montre capable de supporter les plus grandes fatigues...

Voici Rimogne et ses ardoisières.

Déjà on sent que la frontière n'est pas loin. L'ennemi a envahi la Belgique; on parle de patrouilles de uhlans, de reconnaissance d'avions; des taubes survolent la colonne; on tire, on tire, si souvent... et si mal à propos, que l'on démolit un appareil de l'escadrille divisionnaire.

Sécheval ! petit village au milieu d'une vaste clairière ; des marécages à l'orée des bois, et, là-bas, à droite, l'humble cimetière où repose un oncle qu'Ardenne aimait beaucoup. Au passage, il laisse sur sa tombe un bouquet de fleurs des champs hâtivement cueillis sur le bord de la route...

Deville ! nom qui résonne aux oreilles du lieutenant comme une douce prière !

C'est de là que son père partit volontaire, il y a un demi-siècle, déjà ; c'est ici que dorment ses aïeux.

L'officier y commence ses premiers travaux de campagne, au cimetière, pour organiser la défense des défilés de la Meuse...

Une succession de pensées tristes l'accable ; il lui faut fortement réagir pour lutter contre les premières manifestations du « cafard ».

A la gare, les trains de blessés se succèdent sans interruption, remontant de Namur et Dinant.

Les bruits les plus fantaisistes circulent et chacun les croit. Les troupiers ont besoin de croire...

« Les Allemands se rendent en masse...
« ils meurent de faim... perdus dans les
« fagnes... vingt mille Prussiens sont tombés
« à Dinant, et nous avons perdus exactement
« soixante-quatorze hommes !... affirme un
« jeune aumônier blessé au bras... les boches
« tirent mal... en marchant,... leurs schrap-
« nells éclatent trop haut... leurs percutants
« n'explosent pas... leurs aviateurs sont
« nuls... etc... etc... Un lieutenant, qui

« a la tête bandée, crie en passant : « Eh !
« les pépères de la réserve ! vous n'aurez
« rien à foutre, nous venons de les bouffer
« à Namur !... » ...

...Et quelques bons articles de nos « bour-
reurs de crâne » dans les journaux de midi
achèvent de convaincre tous ceux qui ne
demandent qu'à l'être.

. . . .

Le 18, Ardenne cantonne à Monthermé ;
sa compagnie est à l'école des filles; lui loge
en face, dans sa famille.

Il retrouve les paysages tant admirés, tant
aimés. Des parents, des amis, lui font fête,
malgré la douleur d'un deuil récent et
l'angoisse que le plus profond optimisme ne
peut chasser complètement, car déjà des
Belges venus de Liège ont jeté la panique
dans certains esprits.

Le lieutenant installe ses hommes, passe
les revues de détail, de cartouches, de vivres,
d'armes et surtout de chaussures, car on parle
de longues étapes...

Il étudie sa troupe, cause, discute, instruit,
cherche à communiquer à tous la foi qui
l'anime.

Puis il va rêver, là-haut, à la Croix-Sainte-
Anne, au-dessus du confluent de la Meuse et
de la Semoy, sous les noirs sapins, dans les
broussailles remplies de mûres sauvages et
de myrtilles.

Il oublie la guerre, il ne pense plus à
la tuerie prochaine, il vient revivre les

heureuses promenades d'autrefois, à la vieille ardoisière, à la Roche-aux-Sept-Villages, à tous les coins de la Vallée illustrés par les plus fantastiques contes de fées...

Le pont de Monthermé

> 20 août 1914.

Le 20, mauvaise nouvelle !

— « Ardenne, aujourd'hui, le pont sautera ; comme tous ceux du fleuve, d'ailleurs ; mettez votre section à la disposition de l'officier du génie chargé d'exécuter cette mission, » dit, au matin, le chef de bataillon au lieutenant Ardenne.

Faire sauter ce pont suspendu, si gracieux, dont la fine silhouette se détache, légère, sur le sombre mur de l'Enveloppe ! C'est pour l'officier une cruelle besogne !

Et le hasard a voulu que cette cruauté fut accomplie par lui, comme pour lui broyer le cœur et lui montrer, déjà avant la lutte, avant le sang répandu, les horreurs de la guerre...

Le pont saute !

Le voici arraché, déchiqueté ; son tablier crevé s'incline vers le fleuve qui roule des eaux noires ; il s'enfonce dans la vase ; ses longs bras d'acier tordus, recroquevillés, pendent lamentablement, se balancent lourdement.

Et ce n'est pas fini de la douloureuse corvée; l'officier doit ramener sur la rive gauche tous les bateaux, toutes les barques, les crever, les couler, les rendre inutilisables; séparer Laval-Dieu de Monthermé, couper la ville en deux; diviser les familles; laisser toute la rive droite comme une proie abandonnée sans combat, aux envahisseurs...

Dans le village, le bataillon organise la défense, ouvre des tranchées, creuse des boyaux, amorce des passages souterrains; les murs sont crénelés, les portes et les fenêtres barricadées, matelassées...

Dans Monthermé, on s'affole. Certains voient des uhlans partout : ils rampent dans les bois, s'infiltrent par les ravins, se profilent sur les crêtes ! ! !

De Thilay, on téléphone qu'un grand convoi vient d'arriver en gare, tous feux éteints, et que l'ennemi débarque...

Sur la rive droite, des habitants crient, implorent, font des gestes désespérés, demandent le passage...

Sur la rive gauche, quelques femmes éperdues s'enfuient vers le sud, tandis que stoïquement, sans peur, l'immense majorité de la population reste calme, au foyer qu'elle ne peut se résoudre à abandonner...

Ardenne et un patriote de Monthermé, Paulin Jacquemin, attaché au service de renseignements, s'efforcent de calmer les esprits.

En reconnaissance

22 août 1914.

C'est toujours une excursion dangereuse, car il faut, pour se procurer des renseignements sur l'ennemi, surtout pour observer sans être vu, une grande prudence et beaucoup de sang-froid; plus encore quand on opère dans une région inconnue.

Ce n'est pas le cas d'Ardenne, ce jour-là : tous ces lieux lui étant familiers depuis son enfance.

Son chef de bataillon a bien voulu lui confier cette mission qu'il avait sollicitée.

Il reçoit l'ordre de fouiller les ravins et les bois compris entre la route de Laval-Dieu à Hauts-Buttés et la Meuse par la Pillette et la Commune.

Il emmène avec lui une centaine d'hommes, c'est-à-dire un peloton de la compagnie.

Avec quelle émotion il franchit la Meuse pour prendre la direction de la frontière ! Comme il est heureux de faire remarquer à ses compagnons les sites merveilleux de la Vallée, les roches si pittoresques de l'Enveloppe et les méandres si gracieux du fleuve débouchant des Quatre-Fils-Aymon pour disparaître, là-bas, au Moulin Mal-Hanté, vers Deville...

A cette époque des vacances, les années précédentes, il parcourait ces frais vallons en compagnie de ceux, qu'il aime, restés là-bas, attachés au foyer par un autre devoir, atten-

dant l'heure bénie du retour après la Victoire;
avec eux, il admirait la profonde et sauvage
Vallée.

Pour un peu, cette puissance de souvenir
lui ferait oublier sa mission !

Mais la vue des uniformes le rappelle à
la réalité, et ce n'est pas sans appréhension
qu'il s'enfonce dans ces épais fourrés. Pour
la première fois, il va mettre en pratique les
conseils que, depuis dix ans, ses chefs lui ont
donnés concernant l'organisation des avant-
garde, des flanc-garde, des patrouilles... etc.

Va-t-il se trouver nez à nez avec de la
cavalerie ennemie ? Son détachement va-t-il
rencontrer un détachement prussien ?

Ardenne est responsable de la conduite de
cent vingt hommes. Un instant, il a peur de
cette grave responsabilité; il se sent assez
qualifié pour commander des « *à droite par
quatre* » sur le champ de manœuvre et pour
faire tirer des cartouches à blanc ; mais
conduire au combat, avec une complète liberté
d'action, une demi-compagnie, cela lui paraît
alors énorme, écrasant pour sa faible
compétence !

Cependant, il faut donner confiance aux
hommes; il lutte contre lui-même assez facilement d'ailleurs, et son assurance augmente à
mesure qu'il pénètre plus profondément dans
les halliers touffus de l'interminable forêt.

Ses éclaireurs, l'arme à la main, bondissent
d'arbre en arbre, se courbent sous les
broussailles, recueillent les moindres renseigne-

ments, interrogent les rares passants, les douaniers, les gardes-frontière.

Sérieusement, ils remplissent leur rôle, et l'on sent en eux la confiance, le courage, le besoin d'action.

Les taillis sont fouillés avec soin. Rien ne fait croire à l'approche de l'ennemi qui, cependant, marche plus au nord, en colonnes denses, sur la Meuse, depuis Liège jusqu'à Namur et Dinant.

Ici, tout est calme encore.

Le retour par la Commune, Deville et la Meuse est une promenade militaire. Seuls, sur l'autre rive, remontant vers Mézières, de longs trains de blessés, venant de la région de Namur, rappellent que c'est la guerre...

Combat de Villerzie

23 août 1914.

Ardenne vient de prendre provisoirement le commandement de la compagnie.

Dans la matinée du 22, il quitte Monthermé, se dirigeant vers la Belgique, avec toute la division qui doit attaquer sur le flanc droit une forte colonne allemande.

L'ennemi veut atteindre rapidement la Meuse, à Givet, Revin, Fumay, pour couper la retraite de l'armée de Belgique.

Le fleuve est franchi sur le pont de bateaux établi la veille par le génie, pour remplacer celui qui a sauté.

La compagnie grimpe rapidement la côte de la Rovva.

L'officier jette un dernier coup d'œil sur l'immense panorama, sur les sapinières sombres de la Croix-Sainte-Anne, et marche heureux, rêvant de victoire, le cœur léger, consolé des tristesses de ces derniers jours.

Il cause et plaisante avec ses troupiers, les encourage, leur donne des explications, réconforte ceux qui semblent faiblir, cherche à connaître tous ceux qui peuvent exercer une influence quelconque sur leurs camarades, étudie le caractère de ses gradés...

Un événement : voici la frontière !

« Vive la noble Belgique !... Adieu, « France !... Non, au revoir !... A bien- « tôt !... Petite bruyère belge, envole-toi vers « la terre natale !...

Chacun lance son mot, non sans une pointe d'émotion...

Deux douaniers belges avec un prisonnier allemand ; du sang au travers de la route ; un cheval tué ; ça sent la charogne...

En tête, longue pause ; une batterie de 75 passe au galop... Qu'y a-t-il ?... On signale des uhlans dans le bois...

La colonne reprend sa marche, serpente comme un long tentacule, se glisse sous les chênes...

Villerzie ! premier village belge dans une grande clairière, au fond d'une immense cuvette.

On cantonne.

Des compagnies partent aux avant-postes. Comme aux grandes manœuvres, en plein air, d'autres font la popote. Les feux montent lentement vers le ciel, pendant que les escouades s'agitent en une fantasmagorie joyeuse.

La 24ᵉ est au sud du village, gardant la route des Hauts-Buttés; l'une de ses sections reste au convoi.

Une belle et douce nuit d'été ! Qu'il serait bon de se retrouver en une délicieuse promenade au milieu de ces grands bois, comme aux vacances dernières, pense Ardenne, qui chasse vite le rêve pour revenir au devoir présent, au commandement de sa compagnie.

Avec ses deux sous-lieutenants, Vélain et Ternynck, il inspecte rapidement le terrain, reconnaît les emplacements de combat, recherche les points dangereux, place ses sentinelles, assure sa liaison.

— « Maintenant, dormons ! » dit-il.

Impossible ! L'émotion le tenaille.

Tout à coup, une lueur immense, grandiose, épouvantable, incendie l'horizon; c'est, à l'est, Gédinne, Rienne, Lorrette-Saint-Pierre qui flambent...

Les Barbares sont là...

. . . .

Des coups de feu éclatent au nord du village; peu à peu, la fusillade s'intensifie, devient plus nourrie, violente; quelques balles égarées sifflent aux oreilles des sentinelles de la 24ᵉ.

C'est le commencement de la danse.

Ardenne éprouve une émotion douloureuse
qui lui serre la gorge, le cloue au sol. Quoi !
aurait-il peur !... D'un brusque effort,
il domine ses sentiments, se maîtrise et
commande...

Des hommes, effrayés, se dispersent... il
les rallie...

Dans Villerzie, le régiment est attaqué
sur trois côtés à la fois. Les Allemands dégringolent des pentes par toutes les routes et
les sentiers, débouchant des lisières. Dans le
cimetière l'adjudant Hermant tient ferme.

Dans les rues, on se bat à coups de
crosse, on tire à bout portant, on cloue à la
baïonnette. L'ennemi trompe par des comman-
dements en français, criant : « Ne tirez pas,
c'est la ...ᵐᵉ compagnie qui rentre »...

La bousculade est infernale; partout le
sang coule, dans les granges et les maisons,
dans les greniers et dans les caves.

Après deux heures d'un corps à corps
affreux, le régiment se dégage adroitement;
les unités se reforment et se replient en ordre,
tout en combattant.

— « Ardenne, le régiment termine sa
« retraite; les derniers éléments vont arriver
« à votre hauteur; arrêtez la progression
« ennemie; tenez coûte que coûte jusqu'à
« nouvel ordre. »

— « Les chefs de section, à moi ! » dit
le lieutenant aux agents de liaison.

— « Section Ternynck, tenez le chemin
« creux à trois cents mètres, votre gauche

« appuyée à la route. Surveillez les lisières
« à droite. Prenez de grands intervalles.

— « Section Vélain, tenez le ravin à
« gauche de la route, deux cents mètres en
« arrière et à gauche de la première section.
« Surveillez la sortie sud du village.

— « Section Paul, en réserve à ma dispo-
« sition.

— « A tous, tenir coûte que coûte ; ne
« rompre le combat que sur mon ordre. »

« Exécution immédiate ! »

Les chefs de section saluent leur commandant de compagnie ; les trois officiers se
serrent la main comme pour se témoigner
une confiance réciproque.

A une heure, la 24e supporte le choc. Les
balles pleuvent drues ; c'est un concert étrange
qui n'a rien de rassurant ; c'est la première
fois que ces hommes entendent semblable
« musique », ils ne crânent pas, mais ils
tiennent bon.

Le premier, Ternynck riposte.

Le sergent Courboin, tireur d'élite, à chaque
coup lentement ajusté, abat son boche.

Le jeune et vaillant sous-lieutenant se lève
pour mieux percer la brume matinale et sur-
veiller les mouvements de l'ennemi ; il se
hausse au talus... Une balle, tirée à cent
mètres, lui fracasse la cuisse ; il s'affaisse
en disant doucement : « Maman, maman ! »

Dans la section, on se précipite; deux gradés soutiennent l'officier qui, voyant un mouvement d'hésitation autour de lui, s'écrie :

« Tirez, mais tirez donc, tirez, tirez !... »

Le sergent Payen veut l'emporter; il refuse.

Les caporaux Clin et Clavelle arrivent pour le secourir ; ils sont tirés à quatre-vingts mètres; le premier a le front troué; le second, la cuisse brisée...

Imitant les cris de la chouette, les boches lancent leur signaux de reconnaissance et s'infiltrent sur la droite.

Le sous-lieutenant, quoique blessé, a senti le danger et le pare.

Ardenne donne l'ordre de repli à la première section dont le chef, perdant son sang en abondance et souffrant cruellement (trop pour être emporté) reste aux mains de l'ennemi.

A son tour, Vélain reçoit le choc et résiste vaillamment.

De nombreux blessés passent... sommairement pansés, ils s'en vont péniblement vers Monthermé...

A gauche et à droite, la progression ennemie s'accentue. Pourtant, il faut « *tenir coûte que coûte* » malgré la menace d'enveloppement.

Depuis une heure, la 24ᵉ résiste seule, et pourtant des éléments dispersés dans le village ne sont pas tous repliés; ils errent encore dans les hautes cultures...

La fusillade continue, violente; la compagnie tient tête aux assaillants qui vont l'encercler...

Enfin, un signal. Le commandant qui a disparu pendant le combat, apparaît au loin. Il vient d'échapper, dit-il, à une patrouille de uhlans.

Il donne l'ordre de retraite.

C'est le recul sur Monthermé.

Tristes, fatigués, les troupiers rompent le combat par échelon, passent à quatre kilomètres en arrière, devant des chasseurs qui creusent des tranchées aux lisières de la forêt...

— « Eh ! ben, les « marche à terre », les « écrevisses de remparts », on fout le camp, déjà ! On n'en veut plus, les pépères ? » s'écrient les réservistes vitriers.

— « Ah ! oui, c'est bien çà, les chasseurs, çà change pas ! çà claque du pied en passant devant les belles filles ! çà fait des trous quand l'biffin se bat ! çà répand d'la sueur quand nous, on verse son sang ! tas d'crâneurs, va !... »

Et le flôt s'écoule...

Ils sont bousculés, les vaillants réservistes; mais non vaincus ! Ils sont écrasés sous le nombre; mais non battus !

Comment tenir, en effet, contre une avalanche ennemie dix fois supérieure, armée de mitrailleuses, appuyée et éclairée par une excellente cavalerie !

Le soir, officiellement, Ardenne prend le commandement de la compagnie.

DE LA MEUSE A LA SEINE

De la Meuse à la Seine

Les étapes de quarante kilomètres se succèdent et éreintent les troupiers que déciment les combats, que vide la dyssenterie, que ronge la fièvre, que mine le chagrin.

Pourtant le cœur veut rester fort.

Un soleil de plomb écrase l'immense colonne poussiéreuse.

La 24ᵉ fond peu à peu.

Comment soutenir les hommes ? La nourriture fait défaut; la viande est corrompue ou mal cuite, l'eau se chauffe dans les bidons, le temps manque pour confectionner le « jus »...

On marche toujours !

Le lieutenant Ardenne se dépense sans compter.

Chacun grignote des pommes vertes, des biscuits, des croûtes de pain dur, voire des carottes et des betteraves...

Les plus malheureux sont les fumeurs. Le capitaine de Franchessin râcle ses fonds de poche où des miettes de pain se mêlent à des débris de tabac, provision insuffisante, qu'il complète avec des feuilles de trèfle desséché pour bourrer sa pipe.

Un caporal de tirailleurs « chaparde » un pot de miel, un litre de marc, du chocolat.

« Quelle nouba, mon lieutenant, à Singly ! »

Les hommes sont admirables d'endurance !

Pourtant quelques mauvais sujets tiennent les propos les plus écœurants, les plus démoralisants.

Ardenne menace de son révolver l'un d'eux qui excite à la débandade ses camarades fatigués. L'homme se tait et se distingue d'ailleurs quelques jours après.

Inquiets, les officiers marchent front bas, pensifs; la crainte d'une défaite, à de certains moments, les terrorise; le souvenir de la « *Débâcle* » hante plus d'un esprit.

Les routes sont encombrées : de longues théories de charrettes, attelées de chevaux étiques que les commissions de réquisition ont laissés aux paysans, transportent au-delà des lignes de maigres mobiliers, un peu de literie où sont à demi enfouis de pauvres vieux paralytiques; des mères poussent devant elles des voitues où pleurent des bébés grelottant le soir, et à l'aube froide ; des vieillards ont chargé à l'excès de lamentables brouettes qui craquent ; des petits enfants meurent de lassitude et d'inanition sur le bord du chemin; aux environs de Mézières, sur la voie ferrée, un vieux curé entraîne sa sœur aveugle et presque centenaire...

Ce spectacle pitoyable torture le lieutenant, lui broie le cœur : ce sont ses compatriotes, presque sa famille, qui fuient ainsi, au hasard !

Près de Rimogne, un petit gamin le tire par le fourreau du sabre, en criant : « Oh ! papa ! » Un fils de militaire de la garnison de Mézières, sans doute.

A Fagnon, il console des amis affolés.

A Bouvellemont, tombant de fatigue, de faim, de soif, il supplie une jeune fille de lui remplir son quart d'eau. Durement, avec de grands yeux où se lit le reproche qu'elle adresse à l'armée fuyant, abandonnant ainsi son pays à l'ennemi, elle lance, vibrante : « De l'eau ? Allez-en boire dans le Rhin ! »

L'officier baisse la tête sans un mot.

A Attigny, partout des granges pleines de blessés, des tirailleurs de la division marocaine qui, depuis Charleroi, combattent à la gauche de notre division.

Au sud de Reims, les mêmes défilés d'épaves humaines couvrent les routes, gênent la marche des régiments.

Mais peut-on blâmer ces pauvres gens apeurés de fuir devant la horde prussienne ?

Et c'est ainsi jusqu'à Corroy, jusqu'à Fère-Champenoise; partout, c'est la même vision d'épouvantable souffrance, d'atroce misère, avec les uhlans sur les talons...

Le combat d'Hannogne St-Martin

28 août 1914.

Depuis une semaine, les Allemands ont franchi la Meuse à plusieurs endroits, de Mézières à Givet, et marchent sur Rocroi.

La division quitte ses positions au sud-ouest de Mézières, traverse Fagnon, Champigneul-sur-Vence, Boulzicourt, Etrépigny, où la 24e s'apprête à cantonner.

Les faisceaux sont à peine formés que le chef de bataillon accourt, tout rouge, essoufflé, en criant : « Sac au dos, nous contre-« attaquons ! On va les foutre à la Meuse ! « On va les foutre à la Meuse ! »

Direction : Donchery, Sedan.

Le bataillon s'élance, baïonnette au canon !

Le lieutenant Ardenne est soulevé d'enthousiasme, car on parle d'une grande victoire à Sedan et il va se battre à la Marfée, à Donchery, prendre sans doute sa revanche de Villerzie !

Ce serait bon d'être victorieux sur les champs de défaite de l'année terrible !

On marche, on marche toujours ! On franchit ravins et collines, guérets et landes,... les ombres de génévriers donnent l'illusion de sentinelles ou de patrouilles ennemies... mais pas de boches; on les a rejetés à la Meuse sans attendre les renforts... Tant mieux !...

— « Tout de même, on aurait p't'être pu attendre pour mettre baïonnette au canon ! » plaisante un loustic avec juste raison.

Le soir, dans Hannogne, c'est une cohue indescriptible; chasseurs, artilleurs, fantassins, tringlots se bousculent en s'interpellant grossièrement.

Ardenne a faim. Chez son collègue, il trouve une bouteille de vin et du pain qu'il partage avec Vélain; depuis quatre jours, ils n'ont croqué tous deux que des biscuits et quelques pommes.

La rentrée à Etrépigny est épouvantable. Sur la route encombrée, les troupiers se traînent, faisant des efforts surhumains pour vaincre la fatigue. Les gradés les encouragent, les stimulent.

Le cantonnement a été pris par un bataillon de chasseurs. Les sacs, laissés pour partir à la contre-attaque, ont presque tous été fouillés et... allégés.

Broyés, éreintés, soldats et gradés tombent sur la paille et s'endorment. Ardenne et Vélain ont trouvé, au fond d'un couloir, une poignée de foin sur laquelle ils s'allongent...

A quatre heures, réveil !

On se bat furieusement à Sedan ; l'ennemi essaie de reprendre Donchery et les hauteurs de la Croix-Piot ; la division doit l'attaquer sur son flanc droit.

En deux heures, les dix kilomètres qui séparent le cantonnement, de la Bar, sont franchis.

A la sortie d'Hannogne, des cadavres jonchent les pentes qui descendent sur le ruisseau ; un petit pont de bois ; en travers du chemin, une charrette brisée ; des chevaux morts, des trous d'obus grands comme des tombes, des tas de fusils brisés, des mares de sang ; à gauche, sur le talus, le corps d'un chasseur ; tout indique la rude lutte de la veille.

Un boche blessé, tombé là depuis deux jours, demande à boire ; on l'emmène à l'ambulance ; un autre grand diable gémit : il a les deux jambes broyées, le ventre ouvert ; ses intestins s'échappent par une plaie affreuse...

La 24e monte en ligne déployée vers les lisières, crânement, comme à la manœuvre; à sa gauche, une compagnie de chasseurs s'élance lestement, en colonne par quatre...

Une rafale d'obus s'abat sur la troupe pour essayer d'enrayer l'attaque; mais la progression continue. Un projectile écrase une section de chasseurs : une dizaine d'hommes sont projetés en l'air, déchiquetés.

Les 75 répondent, et, pendant deux heures, méthodiquement, l'artillerie ennemie arrose la zône d'attaque sans réussir à ralentir le mouvement.

— « Ils sont admirables, ces réservistes; ils sont là comme au camp ! » observe le général de division.

Ces paroles vont au cœur du réserviste Ardenne qui aime le peuple, qui connaît la noblesse de ses sentiments, qui sait son ardent patriotisme, son réel et profond attachement à la terre de France.

Le bombardement effroyable dure toujours.

A la 24e, personne n'est atteint sérieusement. Seuls, le commandant de la compagnie et le fourrier sont légèrement contusionnés; le premier reçoit une balle de schrapnell qui s'écrase, oh ! chance ! sur son porte-feuille.

Mais, de la Croix-Piot, descendent de nombreux blessés. L'un d'eux demande du secours : le caporal Filleron l'emporte. Dans la section Lemaigre, un homme s'abat en deux tronçons, son sang bouillonne à flots...

Les 75 ne peuvent tenir contre les énormes « marmites » boches qui environnent les artilleurs d'un ouragan d'acier. C'est un feu d'artifice infernal sous lequel progresse l'infanterie; les compagnies de première ligne bousculent l'ennemi sur Donchery. La 24ᵉ reste en réserve, aplatie dans un champ de pommes de terre. Impossible de faire un mouvement; inutile, d'ailleurs, quant à présent. Les troupiers se contentent de bourrer leurs poches, de faire une réserve de précieux tubercules, en attendant le signal de l'assaut.

. . . .

Ardenne admire sa troupe qui reçoit, sans broncher, le premier « marmitage ».

Soudain, le canon se tait...

On va donner l'assaut, sans doute ?

Non ! en arrière, les unités en réserve se replient; un ordre arrive : on repasse la Bar. Peu à peu, le bataillon qui vient de rejeter l'ennemi des bois de la Marfée, abandonne le combat, en pleine offensive, en pleine victoire ! .

Pourtant, on recule, on bat en retraite, encore !

Les officiers se regardent sans un mot, tristes, inquiets; les hommes marchent lourdement, sombres, l'air mauvais...

— « Nous sommes foutus ! » hasarde l'un d'eux.

— « Ta gueule ! ou j'te la boucle d'un coup de poing ! » riposte un sergent.

Un chef d'escadron d'artillerie, couvert de boue, les traits tirés, la figure lasse, dit lamentablement comme un vaincu, en passant près d'Ardenne : « C'est la fin de tout ! dans quinze jours, ils seront à Paris ! C'est la victoire d'un canon ! C'est la victoire d'un canon ! » Et il s'éloigne en murmurant, en mâchonnant les mêmes mots : « C'est la victoire d'un canon ! »

— « Il nous barbe, le vieux ! » dit Vélain à son commandant de compagnie.

Et les deux officiers, malgré feur belle confiance du début, se sentent envahis d'un doute terrible...

Combat d'Ecordal

LA MORT DU COMMANDANT PRENIER

30 août 1914.

Cantonnement d'alerte à Ecordal.

Poursuivie par la cavalerie ennemie, la 24ᵘ lève le camp vivement à deux heures, laissant en arrière-garde les zouaves et les tirailleurs de la division marocaine.

A l'aube, elle franchit l'Aisne à Givry, prend position au sud de la rivière.

Vers huit heures, violente canonnade à gauche, sur Rethel et Château-Porcien.

Les parents d'Ardenne, son père, sa mère, sont là, à Seraincourt ! Que vont-ils devenir ? L'officier s'arrache à des pensées affreuses, à des visions déprimantes. Cependant, il ne peut quitter des yeux ces lueurs ardentes, ces nuages violets d'où part le fracas de la bataille. Une intense clarté indique le brasier : Rethel flambe.

Un coureur arrive avec un pli :

« *Les Allemands qui avaient réussi à passer l'Aisne à l'ouest de Rethel sont refoulés; nous prenons l'offensive.* »

Les marmites sont bousculées; les gamelles acrochées au sac et... « En avant ! »... On mangera mieux ce soir.

Givry, qui regorge de blessés de toutes armes, est traversé; l'Aisne est repassée; la compagnie va attaquer au nord d'Alland'huy.

La joie se lit sur tous les visages : le boche battu, en retraite, sera mis en déroute par cette attaque de flanc.

Demain, peut-être, le régiment reprendra Bouvellemont, ira sur la Meuse, et, qui sait ? boire, non pas l'eau, mais le vin du Rhin !

Ardenne marche joyeux, léger, enthousiaste. Allons ! dans un mois il sera à Cologne !

En formation d'attaque, le régiment progresse sous le feu de l'artillerie allemande établie sur les hauteurs boisées de Tourteron, dans les ravins et les vergers de la Bérézina, côte 140 et au Chesnoy-Auboncourt.

L'infanterie ennemie recule.

Le 75 allonge son tir, la progression est rapide, malgré le chaud soleil.

Le lieutenant Ardenne a soif, et pas une goutte d'eau ! Mais que de poires, de pommes énormes, il enfonce dans sa musette pêle-mêle avec de belles carottes rouges ! C'est un vrai régal, dans ce verger d'Alland'huy, malgré les obus !

Une heure d'accalmie, de sommeil bienfaisant. A la guerre, il faut profiter des moindres moments de répit.

Des cris ! Un instant de stupeur ! C'est un groupe de chasseurs blessés qui traverse les lignes. L'ennemi, disent-ils, tient fortement les lisières du bois, à droite.

Le commandant du bataillon, debout sous la mitraille, s'écrie : « Le drapeau ! Le drapeau ! La clique ! nous allons charger ! »

On se prépare, on attend l'ordre... qui ne vint jamais.

La fusillade devient violente; à droite, les pertes sont lourdes; à gauche, le canon tonne toujours furieusement vers la ville en feu.

La 24ᵉ s'avance dans de hautes cultures; le commandant Rrenier, calme, brave jusqu à la témérité, est là-bas, en tête du bataillon avec sa liaison. Ah ! le beau, le noble soldat !

La jumelle aux yeux, il scrute l'horizon... il ne voit pas assez bien... mais voici quelques pommiers... il grimpe au sommet de l'un d'eux... Son groupe est repéré par l'artillerie boche; les fusants éclatent avec une précision mathématique.

Atteint à la tête, le chef s'affaisse, sans un cri, tué sur le coup.

On l'emporte sur un brancard.

Le sous-lieutenant Vélain va, au passage, le saluer au nom de la compagnie.

Tout le bataillon l'a pleuré.

Le capitaine de Franchessin, qui vient de prendre le commandement du bataillon

désigne la compagnie Ardenne comme soutien
d'artillerie.

Le combat se poursuit victorieusement;
l'ennemi se replie.

Cependant, vers six heures du soir, ordre
d'abandonner la position !

Il faut, pour la troisième fois, repasser
l'Aisne.

Les soldats ne comprennent plus; c'est bien
à contre-cœur qu'ils reprennent la marche vers
le sud.

La retraite s'accentue de jour en jour.

Où l'armée va-t-elle tenir, maintenant ?

Sur la Marne, ou sur la Seine ?

LA BATAILLE DE LA MARNE

Bataille de la Marne

Le Mont-Aôut

7 septembre 1914.

C'est bien sur la Seine que le haut commandement pense arrêter l'envahisseur ? ce soir, la division cantonne aux environs de Méry-Boulages, dans l'Aube.

Elle retraite à raison de cinquante kilomètres par jour.

La 24e compagnie, fondue, ne compte plus que quatre-vingt fusils.

A Fère-Champenoise, les hommes ont pu se procurer un peu d'eau-de-vie, quelques bouteilles de vin, du chocolat, des sardines et... un journal ! « Le Petit Parisien ». Quel événement ! On se le passe nerveusement; on dévore les quelques nouvelles que la censure a laissées passer.

A Corroy, grand'halte ! La compagnie s'installe dans un champ d'avoine, dans des chardons, plutôt ! Le temps est beau.

— « Mon lieutenant, on va au moins « roupiller » maintenant ? On va pas aller comme ça jusqu'à Clermont-Ferrand sans s'arrêter ? » jette un parisien gouailleur.

Chacun mange avidement et s'endort...

Un coup de trompette !... Les officiers au colonel !...

Une grande bataille est engagée; au nord,
le canon tonne furieusement...

On dormira ce soir à Connantre, pour
attaquer, demain, la garde (armée de Bulow)
les meilleures troupes allemandes, vers les
Marais de Saint-Gond, sur la route de Montmirail, Champaubert, Châlons.

. . . .

Le matin du 6, aux premières lueurs de
l'aube, Ardenne, capitaine depuis la veille,
occupe avec sa compagnie, le Mont-Août,
mamelon qui domine, d'environ cinquante
mètres, les Marais de Saint-Gond.

A ses pieds, une grande plaine avec les
villages de Bannes, Broussy-le-Grand, Broussy-
le-Petit; à l'est, les sapinières de Fère-
Champenoise.

La bataille fait rage ; le spectacle est
grandiose.

Dans ce grand drame, on le sent, vont se
jouer les destinées de la Patrie.

Ardenne frémit d'espoir.

Voici qu'on lui communique le célèbre
Ordre du Jour du général Joffre :

« Au moment où s'engage une bataille dont
« dépend le salut du Pays, il importe de
« rappeler à tous que le moment n'est plus
« de regarder en arrière. Tous les efforts
« doivent être employés à attaquer et refouler
« l'ennemi.

« Une troupe qui ne peut plus avancer
« devra, coûte que coûte, garder le terrain
« conquis et se faire tuer sur place plutôt que
« de reculer.

« *Dans les circonstances actuelles, aucune*
« *défaillance ne peut être tolérée.* »

Ces vigoureuses paroles réconfortent le
nouveau capitaine.

La confiance renaît; le courage redouble.

. . . .

Dans les marais, de longues files de
zouaves, de tirailleurs glissent, s'infiltrent.

De tous côtés, la fusillade crépite; l'artillerie française vomit une infernale trombe
d'acier qui creuse des vides profonds dans les
lignes ennemis. Les colonnes d'assaut de la
Garde prussienne cherchent à prendre pied dans
les défilés du marécage et à le franchir pour
s'installer dans les villages.

Chacune de ces tentatives est repoussée.

A la jumelle, Ardenne suit les boches
dévalant des pentes de Coizard, Courjeonnet,
Aulnizeux. Les merveilleux 75 les fauchent à
mesure.

Bannes brûle !

L'artillerie marocaine accentue son tir; les
braves soldats, impassibles sous le feu terrible
qui les encadre, pointent et tirent, comme à
la manœuvre.

La 24ᵉ creuse des tranchées, car « *il faut
tenir coûte que coûte* » ; elle brûle d'impa-
tience de « cogner » avec les camarades,
mais elle a pour mission : tenir le Mont-Août.

— « Soyons patients, demain ce sera notre
tour », dit à Ardenne le capitaine de Franchessin en lui ofrant un morceau d'agneau
que ses hommes ont « maraudé » au milieu
de l'incendie qui consume Broussy.

Des blessés viennent se faire panser. Quelques égarés cherchent leur unité : la 24e recueille ainsi trois zouaves, Barouïn, Michaud, Valade, qui vont dorénavant combattre avec les fantassins.

Le 8, à la pointe du jour, relève. Dans la nuit, le régiment attaquera Fère-Champenoise.

Combat de nuit

8 septembre 1914.

Le soir tombe. Huit heures ! C'est le moment de l'attaque.

Après une longue marche sous bois, la 24e compagnie débouche en ligne déployée à la lisière, et, par échelon de section, franchit lestement un espace découvert, en arrière d'une petite crête qui masque la ville.

Un silence angoissant enveloppe la plaine; pas un cri; pas un coup de feu : c'est le calme précurseur des grands orages.

Les éclaireurs se hissent sur la crête : rien de suspect.

On marche toujours.

Parvenue à peine au versant opposé d'où l'on découvre, dans la brume, des silhouettes de formes étranges, la compagnie est soudainement accueillie par une violente fusillade sur le front et sur le flanc gauche.

Les assaillants saluent la rafale,

A cent mètres se dresse un talus de chemin de fer de cinq à six mètres de haut. C'est là qu'est l'adversaire.

Sabre en main, révolver au poing, Ardenne lance le cri : « En avant ! A la baïonnette ! Au talus ! »

La compagnie se jette dans la fournaise à la suite de son chef. Cent voix répètent en hurlant le cri : « En avant ! En avant ! A la baïonnette ! »

En quelques secondes, le talus est franchi. L'ennemi s'enfuit.

Trébuchant dans les fils d'un disque de la voie, le capitaine dégringole de l'autre côté, pendant que la mitraille crépitante accable la 24ᵉ.

— « Le capitaine est tué ! en avant ! en avant ! vengeons-le ! » crie un homme.

Non ! le capitaine n'est pas tué ! Il a simplement perdu... son binocle... Un bout de verre luit dans les cailloux, l'aveugle a retrouvé la vue, et victorieux, il crie : « Ça va bien ! en avant ! en avant ! » en rajustant tant bien que mal ses « carreaux ».

Vélain rit, malgré le terrible tac ! tac ! tac ! des mitrailleuses.

La compagnie bondit audacieusement; quelques hommes, touchés, s'affaissent. Des obus continuent à éclater. A son tour, le lieutenant Vélain est atteint. Il se raidit pourtant. Un sergent le soutient. Energique et brave, l'officier fait les quelques pas qui le séparent de la route de Connantre, et reste à la tête de sa section.

La liaison est assurée sur la route avec le 347ᵉ régiment d'infanterie, lieutenant Millard.

L'ennemi fuit toujours; ses clairons, dans le lointain, sonnent la retraite.

Il est vingt-deux heures. Ardenne est presque aux premières maisons de la ville. On perçoit vaguement le bruit sourd des régiments d'artillerie en fuite; les cris gutturaux des convoyeurs; et, plus près, le « wer da ? » des sentinelles; la voix d'un brancardier cherchant un blessé de marque : « Herr Baron ! Herr Baron ! »

Plus rien ! C'est fini ! Les guerriers s'essuient le front, vident leurs bidons; les chefs de section rassemblent leurs hommes.

Hélas ! il en manque à l'appel !...

On emmène le lieutenant blessé.

Des trois officiers de la compagnie, Ardenne reste seul...

Un dragon, essoufflé de sa course rapide, jette l'ordre : « Rejoindre les emplacements de la veille; le combat reprendra demain ! » tandis qu'un gavroche s'écrie : « C'est malheureux ! On n'a même pas pu en trouer un ! Ils n'ont pas voulu nous attendre. Ils foutent le camp, on est vainqueur et on r'cule, j'comprends p'us ! »

Tout près de là, à cent mètres, Fère-Champenoise brûle. A la lueur de l'incendie, la compagnie regagne le bois, non sans avoir recueilli ses blessés.

Malgré le brouillard glacé qui perle en gouttelettes d'argent aux fines aiguilles des sapins, Ardenne, que la rude lutte du jour a

fatigué, s'allonge sur la terre nue, pestant
de recevoir l'ordre d'abandonner le terrain
conquis après une chaude affaire.

Pendant que veillent les sentinelles, il
s'endort en pensant tristement aux siens, restés
là-bas, au-delà de l'Aisne...

Fère-Champenoise

9 septembre 1914.

Le 9, dès le lever du jour, il faut reprendre
l'attaque qui vient d'échouer la nuit.

La gauche, appuyée au Mont-Août; la
droite, à la ferme Sainte-Sophie, le régiment
marche sous bois jusqu'au « Puits ». Objectif :
Fère-Champenoise.

A la sortie des bois, la 24ᵉ compagnie,
à gauche du bataillon de gauche, en liaison
avec le ...ᵉ régiment, est accueillie par une
vive fusillade et une canonnade ininterrompue.

Une légère déclivité du terrain lui permet
de ramper et d'occuper facilement les lisières.
Les balles passent très haut dans les branches :
pas une égratignure dans la compagnie.

A gauche, un jeune officier forestier, le
lieutenant Lefèvre protège le mouvement
avec une section de mitrailleuses.

A cent mètres, en arrière et à droite, une
batterie de 75. Le capitaine qui la commande
bondit vers Ardenne, dès son arrivée : « Voyez,
lui dit-il, me voici complètement isolé, sans
soutien d'infanterie; les boches sont à trois-

cents mètres; désignez-moi, je vous prie, une section de votre compagnie pour remplacer celle qui me lâche ! »

En effet, une trentaine d'hommes, éparpillés dans les taillis, fuient, abandonnant la batterie.

Le révolver au poing, Ardenne menace de brûler la cervelle au premier qui recule.

Les fuyards s'arrêtent, et, avec leur chef de section, restent sous son commandement.

A mesure que la 24e avance, elle sent que l'ennemi occupe la crête avec des forces considérables : toutes les lisières sont furieusement battues par une formidable artillerie.

L'ennemi s'avance homme par homme, par bonds rapides; il se glisse sur la gauche, il rampe partout. La batterie va tomber dans ses mains. Ardenne se sent tourné à gauche; il va être cerné. Pas de liaison !

— « Pouvez-vous tenir vingt minutes ? » lui demande le jeune officier observateur qui règle le tir de ses pièces. « Je préviens mon capitaine; il faut nous dégager. »

— « Oui, mais faites vite ! en un quart d'heure si possible. »

La fusillade sur le front et le flanc gauche de la compagnie est des plus meurtrières. Avec les hommes qu'il vient de rallier, Ardenne dispose de soixante-quinze combattants. C'est peu !

Les artilleurs, rapidement, lancent leurs dernières bordées.

A deux cents mètres, les boches s'arrêtent, hésitants.

Les pièces et les caissons sont attelés avec une étonnante rapidité. Au grand trot, les chevaux démarrent. La batterie, sauvée, va prendre une nouvelle position à la ferme du Hozel.

Les fantassins, couchés, dirigent un feu rapide sur les groupes ennemis qui descendent les pentes et bondissent vers un chemin creux.

Le sergent Courboin, aussi brave qu'à Villerzie, calme comme au stand, épaule tranquillement, ajuste posément, et, à chaque coup, démolit un adversaire.

Courbé en deux, Ardenne bondit d'une section à l'autre, désignant les objectifs; sa voix se perd dans le fracas du combat et le sifflement des balles qui coupent net les rameaux des arbres ; il ne commande plus qu'en hurlant...

On réclame des munitions.

— « Comment ! Déjà ?

— « Mais, mon capitaine, on tiraille depuis deux heures. »

Le temps, en effet, a passé vite...

La bataille redouble d'intensité... on ne sait plus... on tire les dernières cartouches. Les blessés fouillent les morts, passent leurs munitions aux tireurs. Les survivants, noirs de poudre, de sueur, de poussière, machinalement, vident leurs magasins...

Le capitaine ne salue même plus la rafale. Tranquillement, il se redresse entièrement pour enlever sa tunique : une aiguille de sapin vient de pénétrer dans son col et le gêne horriblement...

Subitement, Ardenne, en observation, voit cinq boches agiter un fanion blanc, en avant des lignes de combat. Ce sont des parlementaires, sans doute, non, des gens qui veulent se rendre.

— « Cessez le feu ! Cessez le feu ! »

Le capitaine sort du bois, suivi du zouave Barrouin. Tous deux sont à peine en vue du groupe ennemi, qu'ils sont mitraillés.

C'était une ruse !

Barrouin tombe. Le sergent Courboin se lève à son tour : il a le ventre troué par une balle.

Sur la gauche, le régiment voisin se replie; les fantassins ennemis gagnent le bois et essaient d'entourer la 24ᵉ, dont les munitions s'épuisent...

Encore une fois, il faut reculer, abandonner le terrain si chèrement conquis la veille .

Toute la ligne craque... L'ennemi, en hurlant, poursuit la compagnie...

Le lieutenant Savouré, avec quelques sapeurs, veut sauver son précieux étendard : il est particulièrement remarqué et visé.

Il tombe, percé de balles.

Aussitôt, le drapeau est enlevé par un sapeur.

Le brave officier meurt aux mains de l'ennemi...

La retraite effrayante continue.

Les Prussiens poussent des hourras formidables qui se mêlent au fracas des obus fusants et percutants...

La compagnie a beaucoup souffert; elle ne compte plus guère que dix hommes par section.

Epuisée, elle bivouaque à quelques kilomètres de là, pendant que la 42ᵉ division reprend l'attaque et talonne l'adversaire un moment victorieux.

Le lendemain, la poursuite continue...

Champ de bataille.

10 septembre 1914.

C'est le soir.

En arrière de Linthes, près des meules qui achèvent de se consumer, harassée après deux jours de lutte gigantesque, la compagnie Ardenne repose sur des bottes de paille.

Une pluie fine pénètre les vêtements; les troupiers grelottent, mais n'ont pas la force de chercher un abri meilleur. Ils ne tiennent plus; il semble qu'ils viennent de fournir leur dernier effort.

Deux heures de repos, et il faut se remettre en marche.

Des fantômes se lèvent péniblement, se rassemblent autour des quelques sous-officiers restants, et les quatre sections, guidées par le capitaine, vont prendre position sur les pentes sud des collines d'Allemant pour soutenir l'attaque de la 42ᵉ division ou continuer la poursuite, car on affirme la déroute de l'ennemi devant ces régiments de fer.

Les bruits les plus optimistes courent :
« La Garde est écrasée... les boches s'enlisent
dans les Marais de Saint-Gond... ils retraitent
de Meaux à Fère-Champenoise... »

Un frisson d'enthousiasme secoue Ardenne
qui commente la bonne nouvelle à sa
compagnie attendant, sous les sapins, l'ordre
de s'élancer à la poursuite de l'adversaire
vaincu...

Au coup de trompe du chef de bataillon :
« En avant ! »

— « Lignes de section par quatre ! direction : Section Payen ! »

La 24e traverse le champ de carnage.

Il faut avoir couru ces sapinières, traversé
cette grande plaine aride couverte seulement
de bruyères, de genêts et de thym, pour avoir
une idée de la tuerie effroyable !

C'est la nuit encore ; Ardenne ne voit
rien, mais entend très distinctement, au loin
pourtant, le roulement lourd et cahoteux des
convois allemands qui filent vers le nord, et
plus près, tout près, parfois sur le bord du
sentier, la plainte des mourants, les appels
désespérés des blessés troublant le calme de
la nuit.

Dès que paraît le jour, la fraîcheur du
matin glace les épaules; la lune brille encore
au firmament blafard; pas un coup de feu !

Le régiment progresse en silence...

Plus aucun bruit : les convois fuyards ont
pris de la distance.

On dirait que les blessés, dont on distingue à peine les grappes rassemblées sous les branches n'ont plus la force de se plaindre.

Bientôt un soleil radieux se lève et monte lentement à l'horizon, éclairant le champ de mort, d'abord d'une douce lumière qui, peu à peu s'intensifie.

Le spectacle est tragique, écœurant et grandiose cependant... A l'infini, dans les boqueteaux déchiquetés par la mitraille, comme dans les guérets éventrés par les « marmites », ce ne sont que cadavres, que blessés, que caissons et canons brisés.

Une odeur atroce, qui se dégage des chevaux morts surtout, prend à la gorge. C'est une atmosphère pestilentielle.

Des mourants qui semblent sortir de leur léthargie aux premières lueurs du jour, murmurent en une douce prière : « De l'eau ! de l'eau ! à boire ! oh ! à boire ! s'il vous plaît ?... »

A la pause, près d'Ardenne qui vient de s'asseoir, un soldat ennemi implore : « A l'ambulance ! Oh ! à boire ! Mama ! Mama ! »

Le capitaine tend sa gourde; le boche y boit à longs traits, remercie tristement et dit : « Moi, pas Prissien, Sachsen ! trois petits enfants : un, deux, trois », ajoute-t-il en esquissant un geste pour indiquer leur taille.

Il a près de lui un coquet sac de cuir portant encore la marque d'un grand magasin de Reims; reste d'un pillage, sans doute !

Là, deux tirailleurs, les yeux vitreux, achèvent de mourir, sans un gémissement.

Voici un pauvre mutilé à qui un détrousseur de champ de bataille a arraché un doigt pour lui voler une bague; un artilleur étendu sur un tas d'obus, serre sur ses lèvres un mignon médaillon; d'autres baisent une mèche de cheveux, une photographie...

A droite, à la lisière d'une sapinière, une batterie de 75 est littéralement écrasée; les roues des caissons et des pièces sont arrachées, déchiquetées; un canon boiteux, appuyé sur les rayons cassés, est tout rouge de sang; les servants en ont été tués, l'un d'eux complètement décapité, adossé à l'affût, nage dans une mare vermeille...

En arrière, une douzaine de chevaux morts, tout gonflés; on dirait qu'ils vont éclater...; le cadavre d'un cavalier au dolman bleu étreignant encore entre ses doigts crispés la bride de son cheval qui n'est que blessé. Le pauvre animal mourant lève doucement la tête en une lente cadence. Ses grands yeux qui implorent se voilent peu à peu... un dernier soubresaut, un grand frisson, la tête s'abat pesamment, dans la boue... C'est fini...

Au sortir d'un bois, dans les lignes allemandes, le 75 et les mitrailleuses ont fauché les vagues d'assaut; Ardenne compte quarante fantassins feld-grau sur un front de cent mètres... A une lisière, voici encore un tas de cadavres; deux faisceaux, l'un de quatre fusils, l'autre de trois, supportent un fanion. Autour, sept hommes en cercle sont tombés dans les positions les plus bizarres. Un jeune boche, les yeux grands ouverts, terrifiés, tient

une fourchette à hauteur de la bouche, comme
s'il allait manger. D'autres, accoudés sur des
bottes d'avoine, ont l'air de dormir : à dix pas,
on les croirait vivants... Il faut s'approcher
pour avoir la certitude qu'un zouave et un
fantassin ennemi, appuyés contre un sapin, ne
jouent pas la comédie, mais se sont réci-
proquement embrochés...

Et pendant trois ou quatre kilomètres, c'est
la même vision d'horreur, la même odeur
nauséabonde de charnier...

Des prisonniers hagards, fous de terreur,
s'approchent en levant les bras; on les cueille
pour les diriger à l'arrière; d'autres s'enfuient
de bosquets en bosquets. Un officer qui ne
veut pas se rendre et qui résiste est tué
auprès d'un caisson éventré qui lui sert de
rempart...

A midi, l'odeur est plus insupportable
encore; on ne rencontre plus que des cadavres
allemands, boursoufflés, tout noirs déjà !...

Les troupiers allongent vivement le pas,
pressés de quitter ces lieux d'horreurs, au-
dessus desquels des bandes de corbeaux tour-
billonnent, flairant les cadavres, attendant que
les vivants se soient éloignés pour s'abattre
et se vautrer sur les morts.

De quelque côté que l'on pose son regard,
c'est le même spectacle d'infinie tristesse, et
il faut le subir jusqu'au soir !...

Ce sont maintenant des fourgons aban-
donnés, des autos embourbées, des dépôts de
vivres et de munitions incendiés, des équipe-

ments et des armes jetés pêle-mêle, sur le bord de la route, qui décèlent une fuite hâtive...

C'est bien la retraite désastreuse ! C'est bien la débâcle de l'armée allemande !

Les réservistes d'Ardenne en conçoivent les plus grandes et les plus légitimes espérances...

Au bivouac

11 septembre 1914.

A la nuit, la poursuite s'arrête.

Le régiment marche depuis quinze heures. C'est avec soulagement qu'il se sent hors du charnier, laissant en arrière les longues files de pantalons rouges et d'uniformes gris qui zèbrent à l'infini les bruyères.

Les fantassins, tenaillés par la faim et la soif, tombent de fatigue ; de distance en distance, un malheureux, à bout de forces, choit sur le bord du sentier.

Vers onze heures, le régiment s'arrête au talus du chemin de fer de Fère-Champenoise à Epernay, non loin de la station d'Ecury-le-Repos, nom symbolique et plein de promesses.

Les faisceaux sont formés avec la dextérité propre au pioupiou français; les marmites, installées comme par enchantement sur des fourneaux creusés à même du fossé.

La 24ᵉ est au passage à niveau. La maison du garde-barrière, atteinte par les obus, est d'ailleurs tellement souillée par le passage des boches, que personne ne songe à s'y installer.

Il faudra dormir sur la terre nue...

Pendant que les uns allument les feux de bivouac s'espaçant bientôt à l'infini tout le long des deux rubans d'acier qui scintillent sous ces lueurs multiples, d'autres, plus ingambes malgré la fatigue, vont chercher l'eau pour le café. Un puits est là tout près, mais, déception ! deux cadavres l'empoisonnent ; il faut chercher plus loin...

Spectacle étrange, que ces feux de nuit étoilant un ciel d'encre et dont les légères étincelles, avec ce pétillement particulier aux aiguilles de sapin enflammées, s'éparpillent en paillettes d'or.

Depuis plus de quinze jours, les soldats n'ont pas vu un bon feu. Ces flammes ondoyantes les ragaillardissent.

Que les nuits de septembre sont froides, quand on les passe sous la pluie !

Quel est ce remue-menage ?...

Un cycliste, pédalant à toute vitesse, jette, triomphant : « Y a de l'eau au village, à cinq cents mètres ! »

A la hâte, les corvées se rassemblent avec leurs seaux de toile : « On aura du jus. »

Comme ils sont débrouillards, ces braves fantassins !

En moins d'une heure, l'un d'eux apporte au capitaine du pain, des « frites », du « singe » rôti aux oignons, du vin, du café « avé du rhum » lance un Toulousain.

— « Mon capitaine, goûtez un peu ce « jus » ! dit le tirailleur qui vient, selon son expression, de « renouveler son garde-manger ».

— « Prenez aussi c'te moitié d'canard... Dans mon bidon, y a du kirsch, mais, pour vous, c'est un peu fort, j'vas vous l'mélanger avec un peu d'cassis... C'est au presbytère qu'j'ai eu tout ça ! Vous en êtes « baba » hein ?... Nous sommes tous comme ça en Afrique ! »

— « Tu es un type précieux; tu arroses chiquement mon troisième galon ! »

Là-bas, sur la route, le colonel discute; ses gestes secs indiquent autant de directions.

Près d'Ardenne, en travers de deux faisceaux, le drapeau, roulé dans sa gaîne de toile cirée, repose... Deux sentinelles veillent.

Pauvre et cher camarade Savouré ! il aurait été si fier de porter « son » drapeau en cette glorieuse revanche.

L'ordonnance a creusé, pour son chef, une niche dans le talus; il en a tapissé le fond de quelques poignées de paille, et, au-dessus de cette alvéole des branchages entrecroisés soutiennent la toile de tente.

Roulé dans sa couverture, le capitaine s'endort pour quelques heures auprès d'un grand feu sentant bon la résine.

A quatre heures, réveil : Le sommeil a peu duré !

Un coup de sifflet ! Des ombres se lèvent, encore toutes somnolentes, sortent de leur trou, s'agitent... On croirait des automates...

Les feux sont éteints.

En route !

La poursuite reprend, vers le nord, vers Reims.

Le passage de la Marne

12 septembre 1914.

A Poquency, la 24me a trouvé un abri, un cantonnement à peu près convenable.

Ardenne a dormi profondément sur un matelas, dans une ferme abandonnée seulement depuis quelques heures par des officiers allemands. Ceux-ci n'ont pas eu le temps de déguster l'excellent déjeuner servi dans de la fine porcelaine, et il s'est refroidi sur la table couverte d'une nappe de blancheur éblouissante et ornée de fleurs.

Le jour paraît; tout le monde est debout !

La poursuite s'accentue.

La colonne n'avance que lentement; les pauses sont longues. En avant, il faut du temps pour passer la Marne, car tous les ponts sont détruits.

« La division traversera la rivière dans la soirée, » a dit le colonel...

Après-midi, la pluie tombe à torrents.

La colonne s'arrête, déboîte pour laisser passer le ...ᵐᵉ corps et des éléments de la division marocaine qui doivent attaquer les arrière-gardes ennemies, au nord de Condé.

Sous l'ouragan, les troupiers grelottent; ils s'enfoncent dans la boue jusqu'aux genoux; beaucoup d'entre eux s'enlisent si fort que les camarades sont obligés de les arracher du cloaque.

De minute en minute, on s'entasse davantage aux abords du pont; on s'y écrase...

Parfois, après une demi-heure d'attente, immobiles sous l'averse qui colle les vêtements, les plaque sur le corps transi, les fantassins font quelques pas en avant, puis... arrêt brusque... Les figures cognent dans le sac du rang précédent... Ce sont alors des cris, des jurons.

Un groupe d'artillerie passe devant eux. Les canons, les caissons, les voitures roulent péniblement dans ce profond bourbier où chaque véhicule enfonce jusqu'au moyeu.

Des chevaux fourbus tombent pour ne plus se relever; d'autres, affolés par les cris des conducteurs, sous les coups de bottes des servants se cabrent dans leurs traits.

Des artilleurs cramponnés de toutes leurs forces aux rayons des roues essaient de sortir leur convoi de cette impasse fatale.

Et toujours la pluie tombe, froide, cinglante, aveuglante...

Ardenne admire ces vaillants, qui, insensibles à la misère présente, ne songent qu'au matériel qui donnera la victoire demain.

Les artilleurs sont passés; à l'infanterie maintenant !

Nouvelle avance de dix pas. Nouvel arrêt.

Il faut attendre encore, attendre toujours.

Il est minuit. Enfin, voilà la rive ! Le cours d'eau grossi par les pluies diluviennes, roule en torrents des flots tumultueux d'un noir d'encre dans la nuit sombre.

Le tablier glissant s'est affaissé au niveau du courant. On dirait qu'il surnage. Un câble à droite, guide les passants; deux pâles falots éclairent d'une lueur vacillante et blafarde, l'entrée et la sortie du pont de bateaux.

C'est maintenant le tour de la 24me.

— « Colonne par deux; par demi-section; dix pas entre chaque groupe, sans cadence. »

Au clapotis de l'eau, provoqué par le mouvement des planches sur les madriers mal joints, la compagnie gagne la rive droite.

Quel soulagement, alors !

Les sacs semblent moins lourds; la marche devient plus leste, malgré la pluie.

Un village dans les ténèbres : C'est Condé-sur-Marne.

Un peu de patience encore, quelques kilomètres à « tirer », et c'est Vraux où doit cantonner la compagnie...

. . . .

Les feux s'allument dans les hangars, dans les granges, dans les cuisines et bientôt apparaît le « jus » fumant. Il fallait cela à tous ces hommes harassés, transis et grelottants.

Ardenne en avale une pleine gamelle qui le réchauffe; le curé compatissant lui envoie du lait et deux œufs.

Les grandes flammes sèchent les uniformes tout maculés; les soldats, demi-nus, gesticulent lourdement autour des feux qui renvoient des ombres gigantesques; les uns vident leurs sacs, grignotent un biscuit ; les autres étendent leur linge, percent des ampoules aux pieds, s'allongent, s'étirent.

Aucun ne laisse échapper un murmure, ni une plainte, ni un mot de récrimination. Qu'il est noble et grand, ce peuple soldat !

L'espoir d'une victoire prochaine et complète achève de faire oublier la fatigue et les misères endurées.

Avec ses agents de liaison, Ardenne veut s'étendre dans une chambre où cinq ou six matelas sont jetés à terre...

— « Attention, mon capitaine, les boches ont laissé leur... souvenir, sur cette literie ! »

En effet, les goujats ont souillé ces matelas de leurs ordures, et au centre, bien en évidence ils ont placé une statuette de Jeanne d'Arc à laquelle ils ont crayonné une moustache et qu'ils ont coiffée d'un casque de pompier.

Ardenne s'allonge sur la paille, et épuisé, s'endort d'un lourd et profond sommeil.

Prosnes

13 septembre 1914.

Au matin du 13, après une bonne nuit de repos, une soupe bien chaude, la 24ᵐᵉ quitte

Vraux, continuant la poursuite, avec ordre de cantonner le soir à Prosnes, au nord des marais de la Vesles.

Il fait un temps superbe. Un soleil radieux et chaud achève de sécher les capotes humides encore, malgré les grands feux entretenus toute la nuit autour des vêtements ruisselants de boue liquide.

A la sortie de Vaudemange, rassemblement du régiment; grand'halte.

Les troupiers ont vite confectionné un excellent « rata ». Les agents de liaison de la 24me et le tirailleur ont « déniché » quelques bidons de vin blanc et un litre de vieux marc.

Deux pillards, arrêtés dans une cave par des gendarmes, sont signalés au capitaine et emmenés en prison.

Au commencement de l'après-midi, le régiment se remet en marche, traverse les marais de la Vesles sous un bombardement de 150 qui surprend tout le monde.

Les Prussiens vont-ils résister au nord de la rivière ?

Des ordres sont donnés pour franchir le défilé en petites colonnes sous le feu des canons ennemis...

Partout, dans les villages, sur les trottoirs, au bord des chemins, des milliers de bouteilles de champagne vides, s'alignent en interminables files, jetées là par les soudards ivres, avant leur fuite.

Au sortir des marais, le régiment progresse en formation d'attaque sous les sapins et dans une vaste lande parsemée de genêts aux fleurs d'or.

A la nuit, le bataillon de tête s'arrête; la troupe met sac à terre et s'allonge, car l'étape a été dure.

Pourquoi attendre ici ? Que se passe-t-il ? Rien à craindre, pourtant, puisque, depuis deux heures au moins, le campement est à Prosnes...

Vingt et une heures !

« *Les commandants de compagnie au chef de bataillon.* »

Impatient de savoir, Ardenne part en courant :

« Prosnes est fortement tenu par l'ennemi qui y cantonne; le campement du bataillon est arrivé aux premières maisons sans être inquiété, mais ayant aperçu des Allemands se chauffant dans une masure, il a interrogé des habitants et il résulte de leurs déclarations que les bois et le village seront furieusement défendus. Des travaux, d'ailleurs, sont déjà ébauchés aux abords immédiats de la route.

« Nous attaquerons demain, dès que notre artillerie aura préparé le terrain.

« Cantonnement, ce soir, à Villers-Marmery. »...

La 24ᵐᵉ s'éloigne tristement vers le sud.

Les routes sont encombrées de convois, de canons, de cavaliers.

Aux Petites-Loges, au pied des meules de blé, une centaine de traînards, fantassins, chasseurs, anéantis de fatigue, sont tombés là, sans pouvoir fournir davantage.

Après trois heures d'une marche pénible, le village est atteint. Trois granges sont affectées au cantonnement de la 24me. Elle s'y entasse et s'endort...

Le capitaine Ardenne s'étend sur un sommier, sans couverture. Auprès de lui, sa liaison ronfle déjà, emplissant la salle d'une musique aussi énervante que sonore.

Le lendemain, le 6e bataillon reçoit l'ordre d'appuyer l'attaque de la division marocaine, en avant de Wez-Thuizy.

En tête, la 24me quitte Villers-Marmery, et, par les Petites-Loges, s'enfonce dans les terrains marécageux, à gauche du pont du canal de la Marne à l'Aisne, déployée en colonnes d'escouades, car les « gros noirs » ont salué le bataillon.

Par demi-sections, la compagnie franchit le pont. Les obus tombent toujours; beaucoup s'abattent avec un bruit sourd dans les marais et n'explosent pas .

A Thuizy, au tournant du calvaire, un caisson éventré, les chevaux morts, des artilleurs tués; l'un d'eux a la tête emportée au ras du col. Les troupiers passent vite pour fuir le triste spectacle.

Dans les rues, c'est un vacarme assourdissant, un encombrement de matériaux et d'objets les plus hétéroclites, vraie image de la guerre. Les toits sont crevés, les maisons bouleversées, pillées, vidées de leur contenu.

Malgré le bombardement écrasant, deux ou trois habitants sont restés pour garder meubles et bestiaux qu'ils n'ont pu se résoudre à abandonner. Des basses-cours, on n'en parle plus, depuis le passage de la horde prussienne suivie des Marocains !

Maladroitement, le bataillon se masse en arrière du village, sous une ligne de saules, rideau protecteur insuffisant, car, au travers, les observateurs ennemis ont vu le mouvement.

Les « marmites » ne tardent pas à tomber avec fracas, tandis que les schrapnells éclatent sur les têtes !

Des hommes affolés s'enfuient. Immédiatement ils sont arrêtés et traduits devant un conseil de guerre.

Par un mouvement adroit et rapide, le bataillon se dégage de la zone battue et s'abrite dans les vergers, plus au sud encore du village.

La nuit descend lentement.

La division marocaine en avant, malgré son énergique assaut, n'a pu bousculer l'ennemi puissamment fortifié dans des tranchées profondes, protégées par des réseaux de fil de fer.

De longues files de blessés descendent des noires sapinières, se dirigeant vers les passages de la Vesle, notamment au pont de Courmelois où viennent les prendre des voitures-ambulances.

La pluie tombe à torrents.

Les fantassins, grelottants, trempés jusqu'aux os, pataugent dans un affreux bourbier. Ils ont beau se réfugier contre les pans de murs des maisons en ruines, pour y chercher un abri, l'inexorable averse les fouaille.

A la pointe du jour, on organise le terrain...

La 24me creuse des tranchées sur les talus de la ligne de chemin de fer Reims-Châlons. Les « terrassiers », quoique gênés par l'incessant bombardement, ne s'arrêtent pas dans leur rude besogne; ils maudissent le mauvais temps plus que les obus...

Là-bas, dans les sapins, les positions ennemis sont imprenables.

Est-ce sur la Vesles que va se livrer la grande bataille qui amènera la déroute finale de l'envahisseur ?

Ardenne blessé

19 septembre 1914.

Depuis la Marne, la division talonne l'ennemi

Après l'attaque infructueuse des hauteurs de Prosnes, Moronvillers, Beine, Nauroy, elle remplace, à Reims, une division qui glisse vers l'Aisne...

Ardenne a faim; il grelotte, mouillé jusqu'à la chemise par une pluie fine, pénétrante, glaciale.

Il retrouve là un commerçant des environs de Craonne qui lui donne des aliments chauds, lui prête du linge. Il est das un état lamentable ; sa barbe broussailleuse lui donne l'aspect d'un bandit.

La 24me compagnie, soixante-dix hommes à peu près, s'installe et creuse des éléments de tranchées du canal au cimetière de La Neuvillette.

Du fort de Brimont, les Allemands envoient déjà leurs 150.

Le lieutenant Decroix qui commande la 21me, passe, blessé, sur un brancard. Le capitaine Bonnal, du ...^{me} régiment, qui vient de partager, avec son compatriote Ardenne, un quart de vin et un morceau de chocolat, est tué à côté de son commandant grièvement blessé.

Ardenne veut les faire enlever; mais au tournant de la Besace, une mitrailleuse adverse interdit l'accès et tire, à plusieurs reprises, sur les brancardiers.

Dans un champ de betteraves, un blessé, pendant plusieurs heures, lève lamentablement un bras pour demander du secours : impossible de répondre à l'appel du malheureux; il met deux jours pour mourir.

Un morceau de Victor Hugo : « Le cimetière d'Eylau » se présente à la mémoire du capitaine :

— « Allons-nous mourir là, au milieu des tombes ? C'est en effet l'endroit ! » pense-t-il.

Les formidables éclatements des 150 étourdissent les hommes de la compagnie, les environnent d'une épaise fumée.

Pour répondre, quelques 75 seulement. C'est peu !

Debout sur le pont, sans penser au danger, avec sa jumelle, le commandant de compagnie assiste au terrifiant spectacle du bombardement de Reims. Le ciel est embrasé. Des flammes ardentes lèchent les tours de la cathédrale; toute la ville semble en feu...

Un coup de massue dans les reins enlève Ardenne comme une plume; il retombe sur le bord de la chaussée, sérieusement atteint par un éclat d'obus.

Trois sergents, instituteurs, ses camarades, et le « tirailleur » se précipitent vers lui, l'emportent au poste de secours, où l'un de ses amis, l'excellent docteur Menu de Laon, lui donne les premiers soins et le fait diriger sur l'ambulance.

Là, malades et blessés s'entassent sur des matelas ensanglantés.

Trois de ses voisins meurent sans une plainte. Là-bas, accroupi tout près d'un brancard, un jeune aumônier donne les derniers sacrements à un petit chasseur moribond. Un grand diable, légèrement touché, hurle comme si on lui arrachait les membres. A ses côtés, éveillant la curiosité d'Ardenne, un tout jeune gamin, le bras en écharpe, fume tranquillement une cigarette.

Partout le sang ruisselle des veines coupées, des muscles arrachés, des poitrines défoncées, des têtes scalpées, des yeux qui, enlevés des orbites, pendent sur la figure, laissant voir sous les sourcils des cavernes profondes.

Oh ! l'épouvantable, l'horrible, l'inoubliable vision ! Ardenne ferme les yeux pour y échapper, peine perdue ! elle s'incruste plus pronfondément en lui...

Le 22, un train sanitaire doit emporter le blessé à l'intérieur, avec cinq cents évacués tombés sous Reims.

A Muizon-Jonchery, depuis six jours, sont passés treize mille blessés ! Dans un hall immense, chacun attend l'heure du départ.

Comme à l'ambulance, il y a du sang partout; des pansements provisoires se rougissent lentement; des uniformes maculés, souillés de boue, recouvrent les « grands blessés » allongés sur la paille. Leur visage exsangue dit toute leur souffrance; et cependant ils gémissent à peine.

Dans ce vaste hangar où les plaintes des mourants s'élèvent par intervalles, à droite, en entrant, une demi-douzaine d'officiers allemands, calmes, fiers, hautains, sans arrogance pourtant, s'entretiennent avec leur colonel, encore plus grièvement atteint qu'eux-mêmes.

Tout près d'Ardenne, un tout jeune officier ennemi aux grands yeux bleus perdus dans le ciel pur, rêve... Il fait penser à ce jeune officier russe, dont parle Alfred de Vigny dans « Servitude et grandeur militaire »... C'est un étudiant. Il est fier, dit-il, d'avoir donné son sang pour sa Patrie injustement provoquée ! ! ! Le pauvre enfant a les jambes broyées.

Le train part sans pouvoir emmener tous ces officiers ennemis, trop faibles pour supporter le voyage.

. . . .

Dans la banlieue parisienne, le convoi passe lentement, salué par les sentinelles en armes et par la foule émue. Des mamans, des sœurs, des fiancées s'empressent autour de cette souffrance, présentent des fruits, du chocolat, des cigares, des fleurs... Ardenne est ému jusqu'aux larmes devant cette compassion, cette si simple et touchante admiration de ces femmes dont la pensée, il le devine bien, va, par-delà ces blessés, vers « leurs héros » qui se battent là-haut.

. . . .

A Fontainebleau, le capitaine Ardenne reçoit les soins les plus éclairés, les plus empressés. Sa blessure, sans être des plus graves, est sérieuse. D'ailleurs, physiquement, il souffre peu. Il est surtout accablé de chagrin car il vient d'acquérir la certitude que sa famille, sa femme, son petit Pierre, sa mignonne Edmée sont restés au pays occupé par l'ennemi...

Camarade d'hôpital : Degaudez

A l'ambulance, les journées sont longues. L'odeur fade du sang répandu, les plaintes des blessés, l'enlèvement des malheureux qui succombent, nombreux, ajoutent à la tristesse du capitaine Ardenne qui cherche à s'éloigner de cet asile de douleur aussi souvent que possible.

Le temps est beau. Le soleil de septembre finissant est encore bien chaud et permet de bonnes et réconfortantes promenades dans le parc sur les pelouses duquel s'allongent les mutilés capables de se mouvoir.

Souvent, auprès de l'officier, un tout jeune homme vient causer.

C'est un enfant de Bourg-et-Comin, Aisne, nommé Dégaudez Emile, âge de seize ans, réquisitionné comme conducteur par les troupes allemandes... puis relâché près de Reims.

Le 20 septembre, à l'attaque du fort de Brimont, alors qu'il se reposait à Thil, au milieu d'un groupe de soldats, un gros obus allemand éclate dans la cour de la ferme. Un homme est tué, neuf sont blessés, plus le jeune Dégaudez et un enfant de sept ans.

Pendant que tous cherchaient un abri contre le bombardement, lui, le courageux enfant, ensanglanté, le bras troué par un éclat, trouve la force d'enlever son petit camarade qui a le crâne défoncé et de le porter, sous la mitraille, au poste de secours, situé à cent mètres de là.

Le soir même, le malheureux gamin mourait. Quand à Dégaudez, il ne proféra pas une plainte pendant les douloureux pansements; et depuis le 20, il circule parmi les blessés, le bras en écharpe, souriant et attendant l'heureux moment où il pourra rejoindre son village encore occupé par les troupes ennemies.

Haïach Mohammed

Octobre 1914.

Ils étaient trois tirailleurs de la division marocaine blessés aux Marais de Saint-Gond et soignés avec le capitaine Ardenne : Habar Kadour, la poitrine traversée par une balle; Saphi Amar ben Ali, vieux troupier qui, à l'âge de sept ans, a suivi son père sur les champs de bataille de 70, et Haïach Mohammed, enfant gâté de l'hôpital, ces deux derniers blessés à la main.

— « Pourquoi es-tu venu en France ? » demanda un jour le capitaine à Mohammed.

— « Ti comprends, mon cap'tan, ji connais li drapeau de la France li Maroc, li z'Annamites, ji connais la guerre Madagascar, ji di, ji veux connaître la guerre chez li Prissien ! »

« Ji prends le « pernod » à Boghar, li commissaire, i dit : C'est li guerre, ti pars Mohammed, veux-tu ? je te donne trois cents francs ! »

« Ji dis non, ji veux pas l'argent; tout lé monde i mé connaît à Boghar, j'ai vingt-cinq cents moutons, ji suis riche, ji pars à la guerre demain ! »

Et Mohammed partit, débarqua à Rimogne, dans les Ardennes, combattit aux environs de Rocroi, sur l'Aisne et sur la Marne, où il eut le majeur de la main gauche broyé.

Un jour, le major lui dit : « Il faut que je te coupe le doigt »

— « Ji veux bien, mon cap'tan, » répondit-il au médecin à trois galons.

—« Je vais t'endormir ! »

— « Non, mon cap'tan, si ti veux ji dors, ti coupe pas; si ti veux ti mé lé coupe, ji dors pas ! »

— « Entendu, dit le major, mais tu auras mal ! »

— « Ji m'en fous; ji m'en fous li grand couteau li Marocain, li coupe-coupe li z'Annamite, ji li pas peur ton petit couteau ! »...

Et le major opère.

Haïach Mohammed, debout, les talons réunis, dans une attitude militaire, raide, la main allongée, ne bronche pas.

Le chirurgen le charcute pendant plusieurs minutes; tout à coup, le doigt coupé tombe dans la cuvette ensangantée...

— « Merci, mon cap'tan », dit le tirailleur en portant la main à hauteur des yeux pour saluer militairement.

Haïach Mohammed a-t-il souffert ?

Personne n'en a jamais rien su.

Besnard

Maréchal des logis adjoint

A tout prix, il faut dégager Reims.

Le ...^{me} régiment se prépare à attaquer Witry pour esquisser un grand mouvement tournant sur Bourgogne, la Suippe, Neufchâtel et l'Aisne, afin d'encercler et de faire tomber le fort de Brimont que l'ennemi défend avec acharnement.

Le maréchal des logis Besnard, avec une douzaine d'éclaireurs montés, dirige la pointe d'avant-garde; il fouille avec audace les boqueteaux, les ravins, les sapinières.

Personne ne s'étonne de l'intrépidité du vaillant cavalier; il a reçu un ordre, il l'exécute, voilà tout !

C'est un rude soldat ! Dans une citation, son commandant a dit de lui :

« Sous-officier du plus bel esprit de devoir, « aussi modeste que brave. A donné à tous « le plus bel exemple de sang-froid et de « mépris du danger dans tous les combats au « cours desquels il a assuré son service d'une « façon remarquable dans les circonstances « les plus difficiles. »

A l'orée du bois, la fusillade éclate; Besnard pivote et file à toute allure. Il fuit ? Non ! non ! ça, jamais ! Le voici près de deux dragons; il se penche et cause, puis disparaît...

Là-haut, en arrière d'une meule, il observe maintenant. Le voici au coin d'une haie sur le flanc gauche des boches. Il avance encore; de nouveau, il est mitraillé à quatre-vingts mètres.

Il fait demi-tour.

Sa mission est remplie; il va rendre compte.

Puis il songe à se faire panser, car il a la figure traversée par une balle. Il s'avance fièrement, « rouge des pieds à la tête » dit le médecin-chef de l'ambulance.

> « Il vient, — et chaque fois qu'il bouge,
> « Que son cheval dresse la tête en hennissant,
> « Le dragon jette au ciel un flot vermeil de sang !
> « Pourtant il reste droit, impassible, superbe,
> » Laissant, derrière lui, traîner jusque sur l'herbe,
> « Son sang qui le recouvre ainsi que son cheval,
> « D'un manteau ruisselant de pourpre impérial ! »

(La Légende des Poilus. Dr ROUDIÉ.)

Besnard, proposé pour la médaille militaire, est cité seulement à l'ordre de l'Armée en ces termes :

« Atteint au cours d'une reconnaissance « par une balle qui lui a traversé la joue, « a rempli intégralement sa mission avant de « songer à se faire panser. »

REIMS

LA GUERRE DE TRANCHÉES

Mission de la division

La défense de Reims

Le général de division commandant le
...^me C. A. à Monsieur le général commandant la ...^me division d'infanterie :

« *Le rôle de la grande unité qui tient le
secteur de Reims est de couvrir directement
cette place contre toute tentative de l'ennemi
d'y pénétrer.*

« *Au moment où le général commandant
le ...^me corps confie à nouveau cette tâche
à l'honneur militaire de la ...^me division, il
tient à bien préciser ce rôle, de façon que le
commandement à tous les degrés en soit bien
pénétré.*

« *Reims doit donc être défendu en avant;
le terrain doit y être défendu pied à pied;
tout succès partiel de l'ennemi doit être immédiatement contesté et changé en échec.*

« *La ligne principale de résistance est
celle qui est le plus près de l'ennemi, et
l'échelonnement des forces en profondeur ne
doit, dans ce secteur, avoir pour but que de
faciliter les contre - attaques de certains
éléments, de placer certains autres, à l'avance
à des postes de combat.*

« *Chaque unité à un rôle défini. Lorsque
ce rôle est de tenir un ouvrage ou un élément
de tranchée, le chef qui commande l'unité doit
l'y maintenir jusqu'au dernier homme.*

« Il ne doit pas s'agir de repli, ni de tenir certains quartiers de la ville en cas d'échec partiel; encore moins de se replier sur la deuxième position.

« La ...ᵐᵉ division doit se consacrer tout entière à ce rôle unique : TENIR DEVANT REIMS, EMPECHER L'ENNEMI D'Y ARRIVER. »

. . . .

Le général de Montdésir peut compter sur nous, pense Ardenne; pour prendre Reims, le boche devra nous écraser et nous passer sur le corps.

Les Cavaliers de Courcy

Décembre 1914.

Les « Cavaliers de Courcy », dont on a beaucoup parlé dans les communiqués officiels, ne sont autre chose que les digues du canal de la Marne à l'Aisne, au nord-ouest de Reims, au pied du fort de Brimont.

Ces digues, hautes de cinq à six mètres, larges d'environ cinquante, sont plantées de sapins. Les longs talus boisés dominent la plaine de La Neuvillette.

La 19ᵐᵉ compagnie, dont le capitaine Ardenne vient de prendre le commandement, à son retour au front, le 24 décembre, est chargée de l'organisation et de la défense de ce secteur.

Il y a des tombes, partout; on dirait un immense cimetière. C'est par centaines que l'on compte les petites croix blanches surmontées d'un képi.

Le boche est là, en avant, à cent cinquante mètres. De forts réseaux de fils de fer barbelés séparent les adversaires. Quatre bonnes tranchées sont reliées entre elles par des boyaux creusés dans la craie; les cagnas sont relativement confortables et solides d'apparence; cependant, aucune d'elles ne résisterait à un 150.

C'est le coin dangereux du secteur; les bombardements et les torpillages y sont fréquents.

C'est là que le capitaine va vivre pendant plusieurs mois, y tenir « coûte que coûte ».

C'est un secteur intéressant, des visiteurs de marque, militaires, civils, étrangers, artistes y viennent souvent; Ardenne y « reçoit », sa popote est accueillante...

Roudié, Falleur, de la Grandière, Sinoquet, Tencé, Rousseau, Menu, Potier, vous en souvient-il ?

Ouverture d'une tranchée

— « Ardenne, il faudra avancer votre première ligne. L'ennemi est à deux cents mètres; si vous pouvez en gagner la moitié, vous aurez de meileures vues sur la plaine, sur la voie ferrée de Laon, et une solide liaison avec la droite, » dit le colonel dans sa visite du secteur.

— « C'est entendu, mon colonel; j'exécuterai cet ordre à la première nuit sans lune, car il me faudra prendre beaucoup de précautions : les sentinelles ennemies sont très vigilantes. »

Le 4 janvier, pendant toute la journée, deux équipes emplissent des sacs à terre qui seront emportés dans la nuit pour servir de protection initiale.

Au crépuscule, la pluie tombe; c'est l'instant favorable pour reconnaître le terrain avec les lieutenants. Le groupe se met en route.

Les postes adverses sont là, à cent mètres. Ça va bien, mais ce n'est pas le moment d' « éternuer ».

L'averse ne se calme pas et favorise ainsi singulièrement l'accomplisement de cette délicate mission.

— « M..., partez avec vos volontaires, le plus près possible de l'ennemi. Protégez le peloton qui va établir une tranchée du canal à la plaine, à cent mètres de nos premières positions.

— Départ immédiat. Retour à deux heures.

— Mot : vaillance — Chiffre : 7.

— Repli immédiat en cas d'attaque. »

M... salue et part.

M... est un soldat admirable, énergique. Officier de marine démissionnaire, il a fait l'expédition du pôle sud. Engagé volontaire pour la durée de la guerre, il est aujourd'hui caporal. Ardenne voudrait en faire un officier, il refuse catégoriquement.

Une autre équipe, protégée par la patrouille, installe en silence un puissant réseau de fils de fer barbelé. Elle a un mal infini pour entasser, sans bruit, les piquets.

Les terrassiers, le fusil d'une main, un sac à terre ou un outil de l'autre, suivent et se mettent en hâte à l'ouvrage.

En huit heures, la tranchée est creusée, la terre, rejetée en avant, forme parapet; c'est déjà une sérieuse protection. La compagnie a travaillé furieusement.

A l'aube, tout le monde rentre après avoir camouflé le travail de la nuit, qui sera repris ultérieurement, avec la même prudence.

En quelques jours, la tranchée est aménagée, boisée, crênelée... La voici même ornée de cartes postales, de crayonnages, de dessins souvent enfantins, d'inscriptions diverses.

Il faut maintenant creuser les abris.

Peu à peu naissent : « l'hôtel du pou volant »... « la villa des punaises »... « Majestic »... etc.

On peut obtenir ici, dans cette craie, une excellente protection contre les bombardements, ce qui permet de placer dans les « gourbis » des bancs, des tables, des couchettes en bois, un poêle...

Petit à petit, la vie aux tranchées s'organise.

____

La vie aux tranchées

On a dit bien des choses fausses sur la vie des poilus aux tranchées; on a propagé bien des erreurs.

A la vérité, l'installation varie avec les secteurs, la nature du terrain, les saisons, la proximité de l'ennemi, la fatigue de la troupe occupante, les intentions du commandement, etc...

On ne peut vivre dans les neiges des Vosges comme l'été dans les sables de Nieuport, les bois de l'Argonne ou la boue de la Somme ; le secteur de Verdun, en juin 1916 et au Bois le Chaume en septembre 1917, est autrement terrible qu'en juin 1918.

Aux « Cavaliers de Courcy » en janvier 1915, le coin est calme. A quelques kilomètres de là, dans la grande ville, on trouve un ravitaillement facile.

Les unités passent trois jours au repos dans les petits villages voisins, trois jours en seconde ligne, à La Neuvillette, trois jours en première ligne.

Au repos, elles logent chez l'habitant. Chacun nettoie ses armes, son linge, fait la chasse aux « totos », joue aux cartes...

Le séjour à La Neuvillette n'est pas gai: le village est détruit; pas d'abri. On y subit de terribles bombardements qui causent des victimes. Les tombes sont nombreuses, aux environs.

En arrière de la rue principale, des abris sont creusés dans la craie. Chaque jour ajoute une amélioration au système de protection.

. . . .

Dans les tranchées de première ligne, la vie est active : on veille, on travaille, on se repose : c'est ainsi que se sont formées naturellement trois équipes dans chaque section.

Aux créneaux, les sentinelles sont attentives aux moindres bruits, aux moindres faits et gestes de l'ennemi, aux signaux, aux fusées.

Un officier, avec des sous-officiers de quart assurent le service de garde. La nuit, des patrouilles renforcent la surveillance.

Les travaux sont nombreux, les corvées diverses : « l'équipe soupe » chemine pendant des heures dans les boyaux remplis d'eau et de boue glissante pour aller chercher les aliments aux cuisines de La Neuvillette ; « l'équipe fil-de-fer » avec le caporal Gosset, renforce chaque nuit les défenses accessoires; « les hommes boyaux » approfondissent, nettoient toutes les voies de communication; les mineurs creusent les galeries qui feront sauter les postes boches; les charpentiers, les menuisiers même, trouvent de quoi exercer leur profession...

La nourriture est convenable; les hommes sont bien couverts; ils viennent de toucher de bons chandails de laine et des peaux de moutons qui sont, malheureusement, des nids à poux, de ces beaux gros « totos » au dos luisant, avec une croix noire. Ceux-ci ont d'ailleurs inspiré pas mal de poètes.

Potdevin : patrouilleur

Comme semble l'indiquer son nom, il aime assez le jus de la vigne. C'est un gros bonhomme tout rond, court, une face de pleine lune, poilu comme... un œuf, des yeux en boules de loto.

Un vrai gamin de Paris, frondeur, pas méchant, et brave comme un vieux grognard.

Tenez !

Le lieutenant avait désigné Potdevin comme patrouilleur.

— « Voyez-vous cette crête à trois cents mètres ? Il faut la reconnaître et savoir ce qu'il y a en arrière. »

— « Bien, mon lieutenant ! »

L'arme à la main, en rampant, Potdevin se faufile dans les chaumes. Arrivé à la crête, sans se presser, il observe à droite, à gauche, en avant.

Une balle siffle ; nul doute, le patrouilleur est vu. Mais lui aussi a vu : l'ennemi occupe une lisière de la sapinière, à quatre cents mètres de là.

Muni de ce renseignement, Potdevin se lève, jette au vent le mot de Cambronne à Waterloo, épaule tranquillement son arme et tire sur l'ennemi.

Une seconde balle siffle à ses oreilles ; il lance de nouveau son énergique juron, puis répond par un deuxième coup de feu.

Une troisième balle exaspère notre patrouilleur, qui, avec un large geste de gavroche, se tourne brusquement en s'écriant :

— « T'nez! v'là n' cible, tas d' salauds! »

Et comme tout doit avoir une fin, il remet l'arme à la bretelle, en sautoir et s'en revient à la compagnie, flegmatiquement, en sifflant « la petite Tonkinoise », fournit les renseignements recueillis et ajoute, pour les camarades :

— « Hein! vous avez vu l' boche, i m'a raté! i peut pas trouer mon sac à vin! »

Delaporte : l'homme-soupe

Il n'a rien du gavroche Potdevin : c'est un gros paysan, bon garçon, doux comme un mouton, simple comme un enfant. Il va lentement, à pas pesants comme un bœuf de labour, le front penché, la pipe aux dents ; il ne la retire que pour cracher; il cause la pipe à la bouche, s'endort avec elle.

C'est l'homme le plus malpropre de la compagnie; il ne se décrasse jamais, tombe malade le jour des bains-douches.

Il est aide-cuisinier... naturellement.

A ce titre, il porte les gamelles de La Neuvillette aux tranchées, suivant quotidiennement le même sentier battu par les balles des tirailleurs allemands

Or, un jour que Delaporte apportait, selon son habitude, le café à l'escouade, il est vu, visé, tiré et... raté.

Il continue sa route, sans émotion, sans hâte, du même pas cadencé, la pipe aux dents, attentif seulement à ne pas renverser le « jus » qui emplit les plats de campement, se balançant régulièrement au rythme de son pas mesuré.

Une seconde balle siffle : Delaporte continue sa marche lente.

Chacun tremble pour le cuisinier et pour ..... la pitance.

Une troisième balle, une quatrième, puis dix, puis vingt, bourdonnent à ses oreilles, et passent toutes au-dessus de la tête de notre poilu qui, sans plus de hâte, arrive enfin à la tranchée.

Tranquillement, il pose ses récipients, passe sa manche sur son front couvert de sueur, et dit :

— « J' crois qui z'ont tiré sur moi!... ben oui! l' gamelle, al' est trouée! Une aut' fois, j' passerai dans l' boyau, y aura pu d' danger! »

Etonné de ne pas recevoir de reproche pour le café perdu, il ajoute aux camarades :

— « Ben, qué chic type, l' lieutenant, j' renverse l' jus, i m'eng... même pas! »

Belle réponse

Le sergent Noiret, instituteur

C'est à Pierquin, aux environs de Reims, sur la route de Neufchatel, à quelques kilomètres du fort de Brimont, que la compagnie organise un centre de résistance.

L'aviation boche a signalé les travaux, malgré les précautions des travailleurs; elle a remarqué des fumées dans les hangars de la ferme; et l'artillerie frappe dur. Il ne se passe pas un seul jour sans qu'il y ait des victimes dans la compagnie.

Le poste de Noiret, une demi section forte d'environ quinze hommes, est groupé dans une grange, devisant sous le bombardement, sans souci du danger auquel on est habitué depuis un mois. Un cuistot, dans une encognure surveille son rata; quatre manilleurs, accroupis ou allongés sur une couverture, jonglent avec leurs cartes...

Un 150 ronronne, enfle sa voix, troue le toit et éclate au beau milieu des groupes...

Dans un nuage de poussière et d'âcre fumée, plusieurs corps sont étendus; des blessés poussent des cris; les officiers accourent en même temps que le médecin-major Menu.

Des brancardiers s'approchent du sergent qui paraît très sérieusement atteint.

Noiret repousse les soins immédiats.

Les infirmiers et le major s'empressent auprès des autres blessés et ne reviennent à lui qu'en dernier lieu.....

Aussi, la citation suivante rapporte-t-elle ce noble oubli de soi et les paroles du blessé:

« Grièvement atteint de deux éclats d'un
« obus qui avait également blessé plusieurs
« de ses hommes, a donné un bel exemple
« d'abnégation en disant au médecin-major
« qui s'approchait pour le panser : Soignez

« d'abord mes camarades, Monsieur le Major,
« il y en a qui sont plus gravement atteints
« que moi. »

—————

Daniélo : ordonnance

Au début de la campagne, il avait été cité
déjà à l'ordre du régiment.

Il est aussi brave que bon, charmant camarade autant qu'excellent soldat, et le modèle des ordonnances.

En portant un ordre en première ligne, il reçoit un obus qui lui fracasse les jambes ; son pauvre corps, déchiqueté par plus de cent éclats n'est plus qu'une immense plaie.

Ardenne court sous la mitraille pour lui serrer la main. Ce geste faillit lui coûter cher, car un nouvel obus, éclatant au-dessus de sa tête, le couvre de ferraille et lui égratigne le bras...

A vingt mètres, quel horrible spectacle ! Deux soldats sont couchés, le crâne défoncé, tandis qu'un autre, la figure arrachée, l'œil crevé, ruisselant de sang, marche au poste de secours.

Daniélo est là, étendu, sans une plainte. Il est tout noir, affreux !...

Il sourit en voyant son capitaine; il plaisante.

— « Tenez, mon capitaine, ils m'ont touché là ; j'ai les jambes cassées ; faites-moi placer sur ce brancard; je ne pourrai jamais rester sur cette chaise... ils n'auront pas encore ma peau cette fois... J'ai faim!... j'ai soif!... j'ai bien gagné un quart de vin, dites ? »

Ardenne se lève, reculant d'un pas pour ne pas laisser voir les larmes qui lui viennent devant une souffrance si héroïquement supportée...

Transporté à l'ambulance, le pauvre Daniélo subit l'amputation d'une jambe. Opération inutile, il meurt après avoir parlé de ceux qu'il aime, de sa famille, de ses enfants, de sa compagnie, de son chef.

— « Vous trouverez dans ma poche, trois clés, dit-il; ce sont celles de la cantine du capitaine. Vous les lui rendrez en lui disant : au revoir pour moi! »

L'enterrement du chasseur

Il avait reçu une balle au front; un mince filet de sang, coulant lentement de son oreille, indiquait la sortie du projectile. Il était tombé la bouche ouverte, sans une plainte, sans un cri : le son mat d'un corps qui roule sur le sol, un râle et ce fut tout.

C'était à l'heure de la relève, au moment précis où la 19me compagnie remplaçait aux tranchées la 10me compagnie du .....^{me} bataillon de chasseurs à pied.

— « Voulez-vous vous charger de le faire enterrer? » dit à Ardenne le capitaine de chasseurs.

Rapidement dans la nuit, une tombe est creusée, pendant qu'un menuisier confectionne le cercueil.

Dans la sapinière, cependant que les balles sifflent aux oreilles des terrassiers-fossoyeurs, le corps du petit chasseur repose sur un brancard, recouvert d'une capote, semblant attendre que soit terminée la couche où il dormira de l'éternel sommeil...

Aux premières lueurs de l'aube, on le descend dans la tombe. Deux hommes chargés de la pénible mission, après avoir travaillé plusieurs heures, sous les balles, confient à la terre la dépouille de leur brave camarade, tué à quelques mètres de là.

Une petite croix de bois indiquera à sa famille, plus tard, après la guerre, l'endroit où repose le cher mari, le bon papa. Son épouse et son fils pourront un jour venir pleurer sur sa tombe, car lui a sa petite place, pour lui seul, entourée d'une humble barricade de bois blanc, ornée de fleurs et de branches que le soldat Giaccomini dépose dans des vases d'acier envoyés par les Allemands sous forme d'obus.

Il dort donc là, pour toujours, à quelques mètres de la « cagna » du capitaine, à deux cents mètres de l'ennemi, tout près de la grande cité champenoise, aujourd'hui en ruines, sous le bombardement sans cesse renouvelé.

Si vous passez un jour sur les bords du canal de Reims à Berry-au-Bac, vous verrez à l'ombre des sapinières, des centaines et des centaines de ces petites croix blanches surmontées d'un képi rouge ou bleu, d'une chéchia de tirailleur, d'un béret noir d'alpin. Certainement, vous apporterez des fleurs à ces braves camarades, et vous n'oublierez pas celle où vous lirez :

Lavisse Gaston, du ...^me chasseur à pied,
tué à l'ennemi le 23 mars 1915.

Une reconnaissance

But : Reconnaître une position ennemie, située en avant du secteur et supposée abritant des mitrailleuses.

Composition : Capitaine Ardenne, sergent Choubrac, soldats de première classe Gosset et Pelgé.

Départ : Midi.

Itinéraire : Sortie par le poste A, passage e rampant dans la sapinière.

Durée : environ une heure.

Retour : Mission accomplie.

Compte-rendu

Au départ, heure et itinéraire fixés : rien à signaler.

La patrouille rampe jusqu'aux réseaux ennemis. A cinquante mètres, on perçoit distinctement des conversations et Ardenne voit deux sentinelles dont l'une porte un vêtement noir (ancien uniforme ou veston de cuir, impossible de préciser).

Gosset et Pelgé s'avancent vers la droite, protégeant l'officier qui prend un croquis du blockhaus boche.

Ce blockhaus doit abriter des mitrailleuses, car on aperçoit distinctement le créneau rectangulaire qui est la caractéristique de ces abris. Il y a deux guetteurs.

Gosset trouve deux engins d'un modèle encore inconnu dans le secteur : l'un chargé, l'autre éclaté.

Ces engins ont la forme d'une lentille, de huit centimètres, avec six détonateurs ; ils peuvent être employés comme grenades à main, ou placés comme mines en avant des réseaux. Ceux-ci étaient dissimulés sous la mousse, au pied d'un sapin.

Au signal du retour, Pelgé et Gosset, aussi imprudents que braves, veulent profiter de l'occasion pour « tuer du boche », et, malgré les recommandations préalables, tirent sur le poste ennemi. Un des hommes tombe, l'autre s'enfuit en criant.

Aussitôt une mitrailleuse entre en action; Pelgé est très grièvement atteint à la cuisse.

Malgré son horrible blessure, il peut être ramené dans les lignes.

(Ci-joint deux croquis).

Cavaliers de Courcy, mars 1915.

Signé : ARDENNE.

...^{me} division, ordre n° 25.

Le général commandant la division, cite a l'ordre ces exécutants pour le motif suivant :

« Ont fait à très courte portée de l'ennemi,
« et en plein jour, une patrouille très hardie,
« au cours de laquelle deux Allemands ont
« été mis hors de combat; au retour, le soldat
« Pelgé a été grièvement blessé et n'a cessé
« de faire preuve de beaucoup de sang-froid,
« de courage et d'énergie. »

Signé : Général ROUQUEROL.

Amputé, Pelgé reçoit la médaille militaire.

Jusqu'au sacrifice

Reconnaissance d'un poste ennemi en vue de son enlèvement éventuel.

But : déterminer exactement l'emplacement du poste en face du secteur (saillant est du « Cavalier ») : Epaisseur, forme, résistance des défenses accessoires.

Composition : Lieutenant R..., qui pourra choisir lui-même ses patrouilleurs, quinze hommes.

Départ et itinéraire à volonté.

Les hommes qui occompagnent leur chef sont tous volontaires. Pourtant la mission est périlleuse : il faut absolument enlever un poste, faire des prisonniers pour obtenir des renseignements sur l'ennemi, et connaître son ordre de bataille en vue d'une grande attaque ultérieure.

La première tentative échoue. Comment, en effet, recueillir des renseignements précis et d'une importance capitale, en pleine nuit ? Il faut voir et procéder sans être vu, là est la difficulté.

Le lieutenant essaie une seconde fois : nouvel échec!

Le commandant se fait plus pressant ; l'Armée a besoin, absolument besoin de documents précis.

L'officier ne se tient pas pour battu. Il ira donc, dès demain, en plein jour, photographier la ligne que tient l'adversaire. Il existe, à proximité, un sapin qui pourra dissimuler, pendant quelques secondes, le vaillant opérateur.

Par un soleil radieux, la patrouille se met en route. Elle rampe, s'avance lentement, se glisse sans bruit, chef en tête.

Pilotin, sergent-major, commande le groupe de protection.

Les mitrailleurs ennemis sont là; l'un d'eux fume tranquillement.

L'officier seul s'avance le plus silencieusement possible. Un boche tourne la tête. A-t-il perçu quelque bruit, si léger soit-il?

Les patrouilleurs, si braves pourtant, sont haletants, saisis de l'audace de leur chef, qui, tranquillement, l'appareil à hauteur de l'œil, vise et... un déclic. c'est fini!

L'officier a rempli sa mission.

Mais le mouvement de déclanchement a attiré l'attention du mitrailleur ; il voit l'officier français disparaître dans le bois avec une rapidité d'éclair. Il met sa pièce en action, au hasard, et fauche. Les balles cinglent les branches.

Le lieutenant R... rallie sa patrouille, et, afin de s'assurer qu'il ne laisse personne en arrière, il tourne légèrement la tête. Une balle lui traverse la mâchoire, lui coupe la langue, lui arrache une joue. Le sang coule à flots de ses affreuses plaies.

Pourtant le blessé rentre le dernier dans les lignes, afin d'avoir la certitude que pas un de ses compagnons ne manque à l'appel.

Se sentant défaillir, le courageux lieutenant demande à recevoir les derniers sacrements. Le capitaine appelle un vieux territorial pour le prier d'aller chercher l'aumônier. Justement, ce soldat est un curé breton...

A genoux auprès du moribond qui prie, le prêtre lui donne l'absolution, pendant que les brancardiers et quelques camarades présents saluent avec tristesse le glorieux soldat qui vient de se sacrifier si héroïquement pour accomplir son devoir.

Ardenne est plus ému qu'aucun des assistants, car ce n'est pas seulement un excellent collaborateur qu'il perd en la personne du lieutenant R..., mais l'ami le plus dévoué.

— « Il faut vite l'emporter, déclare le médecin-major, s'il n'est pas opéré immédiatement, il va succomber. »

On téléphone... une ambulance-automobile va le prendre.

Voici le colonel. Le blessé l'aperçoit, par un violent effort, se soulève sur le bras gauche, et de la main droite, fait le salut militaire.

. . . .

Le jeune officier supporte courageusement les plus cruelles souffrances et les plus pénibles opérations successives.

Il est fait chevalier de la Légion d'Honneur avec la belle citation suivante :

« Très grièvement blessé alors que pour
« la troisième fois il se portait à quelques
« mètres du réseau ennemi pour reconnaître
« l'organisation d'un petit poste. A montré
« beaucoup de courage et de sang-froid en
« ramenant lui-même sa patrouille dans nos
« tranchées et en se rendant au poste de com-
« mandement pour s'y faire panser. »

« Signé : JOFFRE. »

. . . .

Au secteur voisin et dans les mêmes conditions, le lieutenant Warnier, instituteur du Nord, tombe aussi héroïquement, ainsi qu'en témoigne la magnifique citation suivante à l'Ordre de l'Armée :

« Grièvement blessé au cours d'une pa-
« trouille qu'il dirigeait en avant de nos lignes,
«. n'a laissé échapper aucune plainte au cours
« de son transport pour ne pas déceler à l'en-

« nemi la présence de son détachement, fai-
« sant ainsi preuve d'une énergie surhumaine.
« Est mort des suites de ses blessures »

Guerre de mines

Au commencement d'août 1915, un peloton de chasseurs à cheval en liaison avec la
19ᵐᵉ, veut faire sauter à la mine un blockhaus
allemand qui abrite des mitrailleuses battant
les postes avancés du secteur et les chemins
de halage.

Déjà les galeries longues d'une soixantaine
de mètres, s'avancent sous les travaux ennemis, quand un « camouflet », c'est-à-dire une
contre-mine ennemie, bouleverse les chambres
destinées à recevoir la charge de mélinite.

Immédiatement un homme du génie descend dans le long boyau souterrain pour se
rendre compte des ravages causés par l'explosion.

Inquiet de ne pas le voir revenir, un officier descend à son tour; il ne reparaît pas.

Un autre soldat s'élance sur la trace de son
chef; hélas! comme les deux premiers, il reste
au fond du gouffre.

Un second officier, se faisant attacher par
une corde, part dans la galerie; au bout de
quelques secondes, le câble se tend brusquement, annonçant la chute du courageux sau-
veteur. Retiré immédiatement, il est reconnu
asphyxié par l'oxyde de carbone.

Le colonel, prévenu, veut descendre à son tour et s'affaisse.

Un cinquième, un sixième, un septième, un huitième, s'engagent héroïquement dans le fatal couloir pour porter secours à leurs camarades : tous subissent le même sort.

Le général donne l'ordre d'arrêter les travaux, quand arrive le lieutenant d'artillerie Genouillac, qui vient d'apprendre la disparition de quelques-uns de ses subordonnés.

— « J'ai des hommes dans la mine; personne ne m'empêchera d'essayer de les sauver; ma conscience me dicte mon devoir. »

Et le vaillant officier s'élance à son tour. Comme les autres, il s'évanouit.

Le lendemain, des pompiers de Paris, détachés dans le secteur, retirent neuf cadavres.

Ils reposent aujourd'hui, ces héros sublimes, dans un petit cimetière, face à l'ennemi, à quelques centaines de mètres du lieu de leur courageux exploit.

. . . .

Le surlendemain, la mine, chargée de cinq mille kilogrammes de mélinite, bouleverse la ligne allemande, soulevant des centaines de mètres cubes de terre, creusant un entonnoir immense, déchiquetant les fils de fer, faisant trembler le sol à vingt kilomètres à la ronde, et projetant à une grande hauteur, au milieu d'un nuage opaque de fumée et de poussière, plusieurs cadavres horriblement mutilés.

Seuls, les cris des blessés, les plaintes des mourants, troublent le grand silence, le calme profond de cette douce nuit d'été, pendant les trente secondes qui suivent l'explosion.

A ce moment, trois colonnes d'infanterie française et un groupe de chasseurs sautent dans l'entonnoir et les tranchées bouleversées pour s'emparer du butin abandonné par l'ennemi. Quelques armes, des vêtements, des grenades, pêle-mêle. Pas un prisonnier ; il n'y a plus que des cadavres à demi engloutis, recouverts de craie.

Trente des soldats du bataillon fouillent partout, explorent les moindres coins.

En seconde ligne, l'ennemi est remis de sa surprise et de sa frayeur. Il ouvre sur les trois colonnes d'exploration, un feu violent qu'accompagne le tac! tac! des mitrailleuses.

Beaucoup des fantassins sont atteints.

Lentement, la petite troupe se replie dans un ordre parfait, les chefs et les guides les derniers.

Des fusées éclairent les troupiers qui sont mitraillés à moins de cent mètres. Quatre tombent pour ne plus se relever; des blessés poussent de sourdes plaintes; ils rentrent cependant, soutenus par leurs camarades.

Deux d'entre eux, plus grièvement touchés, sont restés à la sortie du réseau allemand : un brancardier et un brigadier retournent sous la fusillade et ramènent les malheureux mourants.

A l'appel, on compte quatre tués, un disparu, dix-huit blessés, c'est-à-dire les deux tiers de l'effectif du groupe d'assaut.

Le matin, on distingue nettement trois cada-vres, deux Allemands et un sergent français.

Laissera-t-on le sergent sans sépulture? Son corps va-t-il rester en pâture aux corbeaux, là-bas, sous les yeux de ses camarades ?

Non ! D'ailleurs, il faut consolider le réseau de défenses accessoires terriblement boule-versé par le bombardement et l'explosion.

Vingt volontaires se présentent pour la rude, mais glorieuse mission.

Ils partent à la tombée de la nuit. Ils ram-pent ; ils glissent dans les hautes herbes et sous les sapins.

Les voici sur le grand tapis de craie blanche. Ils tirent le corps du sous-officier.

Hélas ! le bruit des pierres qui roulent et des blocs de marne qui se détachent du talus, est le signal d'une fusillade nourrie.

Cinq chasseurs encore tombent sous le feu des mitrailleuses, et leurs pauvres corps meur-tris, enlevés par les survivants, sont ramenés en hâte dans les lignes.

Jamais on ne parla, au « communiqué » de cette « action de détail ». Ces héros resteront ignorés du grand public. Mais je voudrais, quant à moi, communiquer aux écoliers un peu de l'émotion que j'ai éprouvée, pendant ces heures tragiques, au spectacle de tant de vail-lance et d'héroïsme.

L'attachement au foyer

A quinze cents mètres de l'ennemi, près du gourbi du capitaine Ardenne, il est une pauvre masure quotidiennement bombardée. Les balles pleuvent dru, dans son jardin ; les obus ont troué son toit, éventré ses murailles.

Son mobilier rustique, bouleversé, fracassé, après avoir été pillé par la horde teutonne se compose d'un vieux bahut, d'une table branlante, de quelques chaises boiteuses et dépaillées, d'une antique horloge dont le lourd balancier n'a jamais suspendu son monotone tic-tac.

Au milieu de cette dévastation, deux vieillards tout ridés, de mine réjouie cependant, plaisantent avec les troupiers sans plus se soucier des « grosses mouches » qui sèment la mort autour d'eux.

Ils sont là depuis le commencement de la guerre ; ils ont tenu bon quand le Boche, il y a un an, est venu jusqu'à eux ; ils y resteront « jusqu'à la paix », dit la vieille ; « jusqu'à la victoire » ajoute le vieux sur un ton de protestation, « quand même il nous faudrait attendre mille ans !!! »

A chaque minute, la mort les guette ; ils restent là, pourtant !

— « Nous sommes trop vieux pour partir, disent-ils; nous aimons trop notre vieille maison ; nous y vivons depuis un demi-siècle.

« Que le destin vienne nous enlever aujourd'hui ou demain, ça nous est bien égal, pourvu qu'il nous prenne ensemble!

« Partir du même coup, au même voyage ; quitter notre chaumière pour aller dormir, là-bas, notre dernier sommeil, derrière notre jardin, dans le petit cimetière où sont déjà tant des nôtres; où viendront nous voir, avec des fleurs, nos petits-enfants; où les abeilles de nos ruches viendront butiner chaque matin ; que pouvons-nous souhaiter de mieux ?

. . . .

En écoutant ces vieux, Ardenne se dit :

« Pauvres rapatriés, chers parents exilés, qu'on appelle souvent sur un ton de mépris, les « réfugiés », n'auriez-vous pas mieux fait de subir les horreurs de l'invasion, les dangers du front et de risquer la mort, que d'abandonner le village natal pour courir les provinces de France, dont quelques-unes vous furent si peu hospitalières, si peu accueillantes, si peu compatissantes à vos misères? »

La fillette des Marquises

Ardenne ne peut oublier quinze années d'enseignement ; aussi, dans chaque cantonnement, éprouve-t-il le désir de se « retremper dans la pédagogie » auprès de ses anciens collègues.

A Chigny-les-Roses, pendant une longue période de repos, l'école l'attire, et s'il osait il demanderait à l'instituteur ou à l'institutrice, la permission de faire une leçon de temps en temps.

. . . .

Dans un groupe de fillettes, ne lui semble-t-il pas reconnaître un visage déjà vu au cours de la campagne?

Il fait appel à ses souvenirs; il se souvient en effet : c'est la petite fille qui jouait

à la poupée, dans la grande cuisine de la ferme
des Marquises, un soir de septembre 1914,
alors que la Compagnie cantonnait dans les
hangars, avant le passage de la Vesle...

L'enfant porte plusieurs cicatrices ;   elle
en dit l'histoire au capitaine :

« Des officiers d'Etat-Major venaient de
« s'installer chez nous. Ils avaient demandé à
« maman, comme tant d'autres, une omelette
« au jambon, quand des obus tombèrent tout
« autour de chez nous. On entendait des coups
« de fusil tout près. Ça faisait claquer les ar-
« doises des toits, et voltiger tous les carreaux
« des fenêtres. Les soldats montèrent vite à
« cheval et partirent du côté de Prunay...

« Les grosses marmites continuèrent à
« tomber autour de la ferme.

« Tout à coup une forte explosion mit la
« cuisine en miettes. Je ne vis rien, je sentis
« seulement un choc violent. J'avais plusieurs
« blessures et le sang coulait à flots... puis je
« ne sais plus...

« On m'a dit, longtemps après, que papa et
« maman avaient été tués par le même obus
« qui m'avait blessée...

.. ..

Quelques jours après, le capitaine Ardenne,
en reconnaissance dans le secteur des « Marquises » voulut revoir les ruines de la ferme...

Il trouva dans un coin de la grande cuisine éventrée, sur le parquet taché de sang,
deux poupées décapitées à côté de leur mignon
berceau, écrasé, lui aussi...

Un déserteur

Octobre 1915.

Une patrouille de la 19me, en embuscade dans les hautes herbes, observe attentivement, près d'une ancienne tranchée ennemie abandonnée, la ligne allemande qui s'étend du Bois des Zouaves au Bois du Fantassin.

Seuls, le sifflement des balles, et le grondement des obus troublent la sérénité de la nuit. On n'entend même plus le bruissement que feraient en cette saison les feuilles mortes emportées par un tourbillon de vent ou une brise légère. Il y a longtemps que les arbres, en cet endroit là, n'offrent plus que des moignons informes. Ils sont absolument déchiquetés, tués, eux aussi par les obus meurtriers, et leurs troncs fracassés s'enchevêtrent comme les cadavres entremêlés, tombés pêle-mêle, au soir d'un combat.

Les patrouilleurs grelottent sous la pluie froide, dans la brousse, éclairés de temps en temps par les fusées des adversaires, projetant sur le sol des rayons éblouissants qui donnent aux choses un aspect fantastique et changeant.

Tout à coup, un bruit léger fait tourner les têtes. Là, à droite, à quelques mètres, quelqu'un a bougé. Est-ce une illusion de ces hommes depuis trop longtemps aux aguets ?

Non! car une silhouette, rapidement, disparaît sur la terre; une ombre, d'abord à genou, s'est allongée sous les broussailles...

— « Halte-là! Qui-vive ! »

Quatre hommes mettent en joue dans la direction du bruit, tandis qu'un caporal et deux fantassins s'élancent à la baïonnette.

Un boche, alors, se lève, tend les bras, implore avec un tremblement dans la voix : « Kamarad! Kamarad! Prisonnier ! »

Les fusils se relèvent, le déserteur est conduit à la cagna du capitaine Ardenne.

Le malheureux, transi, frisonne de terreur et... de froid; il est jeune, frêle, maladif, couvert de boue; il a faim, il est las, car depuis deux jours et deux nuits, il circule entre les lignes.

C'est une pauvre épave humaine que la misère excessive a conduit à la désertion.

Il mange comme un ogre, boit deux ou trois quarts de vin, se réjouit devant son pain blanc et cause, cause...

« Bons Franzous; pour moi, guerre finie; « Allemagne, kapout! »

Ce déserteur a fait toute la campagne ; il vient de Russie où il a beaucoup souffert...

Blessé en Pologne, revenu en France depuis quinze jours, il a traversé Sedan, Rethel, Attigny, Juniville et donne au capitaine des renseignements sur la région de la Meuse et la vallée de l'Aisne.

Son bataillon, fatigué, démoralisé, redoute terriblement un départ à Verdun, et beaucoup de ses camarades déserteraient s'ils ne craignaient d'être brutalisés dans les lignes françaises.

Les règlements ordonnent, non seulement, d'interroger le prisonnier, mais aussi de le fouiller, de lui enlever sa correspondance. On prend donc à celui-ci tout ce qu'il a sur lui, lettres de famille, d'une vieille mère qui, de Stettin, lui envoie ses baisers et lui souhaite du courage.

Dans un carnet de route, très intéressant, il raconte sa campagne et les souffrances endurées en Russie.

Le commandant de compagnie a terminé sa mission ; il fait conduire le prisonnier au colonel, chef du secteur.

. . . .

Le lendemain, dirigé par un officier d'Etat-Major, assisté d'un interprète, le déserteur revient en ligne. C'est pour répondre aux multiples questions qui lui sont posées. Du geste, il indique les directions ; il donne tous les renseignements, toutes les indications que peut désirer l'Armée.

Ainsi ce malheureux n'est pas seulement un lâche, c'est un traître qui accomplit sa triste besogne sans même paraître se douter de l'horreur de son crime.

A la jumelle, il observe les bois, les marécages, les coteaux, les lignes; il dit l'emplacement des postes, des mitrailleuses; il indique la position des batteries; les camps, les points de ravitaillement, les places d'armes, les postes de commandement.

Près de trois sapins isolés, un tas de fumier paraissant naturellement jeté là, cache sa mitrailleuse; à la corne du bois, c'est un croisement de boyaux : là, à dix-huit heures, ce soir, passera la relève...

Et le traître dit tout...

Tout à l'heure, les 75 vont crâcher la mort, sûrement, avec une précision mathématique, sur les points indiqués par le boche.

Sentira-t-il alors l'énormité de sa faute ? l'étendue de sa lâcheté ?

Sera-t-il secoué de remords quand les flocons blancs des éclatements sur ses lignes, lui montreront qu'il a guidé lui-même le tir sur ses compagnons de lutte, sur ses frères?

En observant les effets du bombardement sur les tranchées allemandes, le capitaine Ardenne, en son âme de soldat, souffre un peu d'avoir collaboré à cette action véritablement peu glorieuse.

Attaque par gaz

20 octobre 1915.

Le sixième bataillon, attaqué le 19, après une émission de gaz, repousse les assaillants non sans pertes et sans de grandes souffrances. Le cinquième le remplacera pendant la nuit.

Dans l'après-midi du 20, accompagné de plusieurs officiers, Ardenne effectue la reconnaissance du secteur de la Ferme d'Alger et du Fort de la Pompelle, à l'est de Reims.

Au départ, les indispensables précautions sont prises, les masques et les lunettes convenablement ajustés, car on sent nettement à trois kilomètres des lignes, les vapeurs de chlore, de brome et de benzil.

Sur la route, les ambulances-automobiles se croisent, très nombreuses, filant à une vive allure. Des centaines d'intoxiqués attendent impatiemment leur évacuation; les postes de secours sont bondés.

Au fond des abris, dans les roseaux, dans les marécages, des imprudents achèvent de mourir dans d'atroces souffrances.

Le spectacle n'est pas rassurant !

Au détour d'un boyau, Ardenne croise un chimiste de grand renom, M. K..., envoyé du Ministère, pour étudier sur place, les effets des gaz toxiques. La science est servie à souhait !

Des guides dirigent le groupe vers le P. C. du bataillon.

Malgré le masque, une toux violente irrite la gorge; ce n'est qu'un léger malaise. Ardenne n'en continue pas moins, en compagnie du sergent Cury, sa route vers le secteur de la compagnie qu'il doit relever dans la soirée ; ils marchent en causant des événements de la veille.

A quatre heures, de Reims à Sillevy, la fusillade se déchaîne ; les mitrailleuses arrosent toute la zone, faisant croire à une attaque. Les guetteurs alertent la garnison qui saute aux créneaux.

En même temps, les sifflements des jets de gaz annoncent l'arrivée d'une nappe; les vapeurs vertes et jaunes apparaissent très distinctes. Chacun s'empresse de remettre le masque.

Au même moment, le bombardement par 105 et 150 écrase tranchées, boyaux, cagnas et croisements des voies de communication vers l'arrière; un barrage par obus lacrymogènes cherche à isoler les premières lignes des secondes positions, pour empêcher l'entrée en jeu des renforts.

Des feux de paille sont allumés à la hâte pour créer des courants d'air devant chasser les vapeurs toxiques. Les coureurs, hideux avec leurs masques, traversent courageusement les vagues de chlore et transmettent les ordres. L'un d'eux tombe aux pieds du capitaine : un soubresaut, un râle, le voici allongé, raide dans la poussière blanche.

Les hommes sont admirables de sang-froid. Les compagnies ont perdu les trois quarts de leur effectif, presque tous leurs officiers.

A la 24me, commandée par le vaillant capitaine Thiébault, le sergent Gromaire, instituteur, rallie les quelques survivants, une quinzaine, entonne avec eux le chœur des Girondains : « Mourir pour la Patrie... » et attend crânement l'arrivée des boches.

La vague corrosive est passée; l'ennemi s'élance.

Il pense bien n'avoir qu'à cueillir des mourants et occuper la position; le gaz doit avoir nettoyé la place.

Mais il a compté sans les mitrailleuses et les fusiliers de Gromaire et quelques autres qui veillent là!... Les guetteurs lancent leurs fusées-signaux, immédiatement le barrage d'artillerie se déclanche en même temps que la fusillade des troupiers.

L'ennemi, foudroyé, est cloué sur place... L'attaque a piteusement échoué; et si elle a causé des victimes à la 24me, elle coute encore plus cher à l'adversaire qui laisse de nombreux cadavres entre les lignes. La Compagnie Thiébault a été admirable.

Les quelques boches qui ont pris pied dans les tranchées sont percés à coups de baïonnette...

Un obus éclate dans le talus à quelques mètres du capitaine que continue à guider le sergent Cury. D'énormes blocs de craie les renversent tous deux; le masque de l'officier tombe. Suffoqué, celui-ci essaie de faire quelques pas; mais, de nouveau, lourdement, il s'affaisse...

Cury ne veut pas laisser mourir son chef. Energique et tenace, il l'emporte sur son dos à plus de quatre cents mètres de là, sous un violent bombardement qui semble vouloir les poursuivre.

Enfin, ils arrivent au poste de secours, les voici sauvés!

Les médecins, depuis trente heures, avec un inlassable dévouement, soignent les intoxiqués, piquent, saignent, font respirer de l'oxygène aux plus dangeureusement atteints.

Un sergent-major d'une compagnie territoriale meurt dans des souffrances terribles, appelant sa femme et ses petits enfants; un tout jeune soldat qui a les yeux brûlés, se plaint doucement et demande s'il restera aveugle...

A Epernay, le commandant de Franchessin arrive mourant. On l'installe aux côtés d'Ardenne, dans la couchette d'un capitaine mort il y a un quart d'heure et qu'on vient d'enlever pour faire place. Dans la même salle, un lieutenant, la poitrine haletante, secoué par des hoquets affreux reçoit les derniers sacrements...

Les arrivants, si éprouvés qu'ils soient, habitués à d'aussi tragiques visions n'en sont pas moins torturés d'angoisse.

. .   . .

Quelques jours plus tard, avec plusieurs camarades, Ardenne est évacué sur Meaux, où d'autres officiers, Roy-Poulet, Legrand, Landau, Vigneras sont déjà hospitalisés.

Là, les blessés sont soignés avec une touchante affection.

Ardenne retrouve les siens

14 janvier 1916.

Le capitaine Ardenne quitte l'hôpital de Meaux en décembre, pour reprendre le commandement de sa compagnie qu'il retrouve dans le même secteur de Sillery-Fort de la Pompelle.

Au repos, à Chigny-les-Roses, il est choyé chez un propriétaire du village. Le temps passe lentement, en travaux de défense de la Montagne de Reims, en séances d'exercices.

Le 14 janvier, comme de coutume, la compagnie se rend au champ de manœuvre, utilisant les sous-bois pour sa marche.

Au passage, le vaguemestre remet au capitaine quelques lettres que celui-ci enfonce dans sa poche : il n'a pas le temps de les regarder, il les lira à la pause...

Pourtant, en montant la côte, son cheval au pas, poussé par un sentiment de curiosité, il jette un coup d'œil sur les enveloppes...

A parcourir la suscription de l'une d'elles, il reste figé de surprise... Cette écriture ?... il la connaît... Mais... c'est celle de sa femme!... Il n'y peut croire... Il doute.

Il tourne et retourne le papier entre ses mains sans oser en prendre connaissance...

Pourtant, le timbre porte : Annemasse... Ils sont rapatriés!...

Nerveusement, il ouvre le pli... les mots dansent devant ses yeux... Oui, c'est bien cela! la lettre le dit : depuis le 11, ils sont à Annemasse, dans une famille amie.

. . . .

A Paris, quelques jours après, Ardenne attend, en gare, ses pauvres chéris... Une angoisse affreuse lui comprime la gorge... Comment va-t-il les retrouver?...

Les voici... enfin... au milieu de la foule... Dans quel état lamentable!... couverts de pauvres habits râpés, amaigris, les traits émaciés, les yeux encore pleins d'une expression d'épouvante... Ils sont à peine reconnaissables!...

Pierre, Edmée ont grandi, mais les malheureux enfants sont comme des squelettes, tremblants, hésitants.

Le papa les serre sur sa poitrine avec un long sanglot...

Leur souffrance a dû être épouvantable ! Ils parlent peu, pourtant. Que dire en effet? Il y en a trop à raconter. Par où commencer ?

Sa femme a un doigt broyé, un ongle arraché; il faut immédiatement voir un médecin. Les boches lui ont écrasé l'index de la main gauche en la poussant brutalement dans un taudis qui sert, à Etréaupont, près d'Hirson, de prison aux malheureux envahis avant d'être rapatriés...

Ils sortent vite, cherchant l'isolement... Edmée, toute mignonne et maladive se pend au bras de son père, tandis que Pierre, trébuchant de faiblesse et de fatigue, ne quitte pas des yeux la Croix qui orne la poitrine du Capitaine.

Au poteau !

Dans la nuit du..., à Champfleury, le planton du chef de bataillon avertit Ardenne qu'un pli secret et très urgent l'attendait au P. C.

A la hâte, le capitaine s'équipe, se demandant ce qui peut bien motiver un si brusque réveil, en pleine puit.

A la lecture du pli, il pâlit légèrement : c'est l'ordre de désigner, pour deux heures du matin, une section et un peloton d'exécution qui va fusiller deux hommes au petit jour.

Le sous-lieutenant de la 19me compagnie commandera la section de parade.

Mission pénible à confier à des soldats, que celle qui consiste à exécuter un camarade, si criminel soit-il !

. . . .

Le soleil n'est pas encore levé; un léger brouillard estompe la campagne environnante et couvre les vignes champenoises.

La petite troupe suit en silence le sentier qui conduit aux carrières désignées comme lieu d'exécution.

La 19ᵐᵉ arrive la première; bientôt après surgissent les sections de parade des autres régiments de la division. Elles se placent, sur l'ordre de l'officier de gendarmerie, dans un creux de la sablière, à vingt mètres des deux poteaux.

Un fourgon est là, en arrière; il renferme les deux cercueils.

A quatre heures trente, les armes sont chargées.

Le peloton d'exécution — 12 hommes — devant les poteaux, placés à dix mètres l'un de l'autre, est formé de quatre sergents, quatre caporaux, quatre hommes.

Il attend, l'arme au pied.

Tout à coup, un bruit d'essieu qui grince, les cahots d'une voiture d'ambulance dans les ornières d'un mauvais chemin, une escorte de six gendarmes, sabre au clair...

Voilà le triste convoi.

— « Présentez armes !

Un claquement sec des armes à l'épaule; les officiers saluent du sabre et les deux au-

môniers divisionnaires descendent les premiers, cachant les poteaux aux condamnés.

Le premier de ceux-ci marche lentement,
guidé par le prêtre, comme étranger à la terrible mise en scène, va droit au poteau, se
laisse attacher et bander les yeux comme un
enfant. Plusieurs fois il embrasse le pasteur
qui lui prodigue les consolations et les encou-
ragements...

L'autre, un caporal, grand, bel homme,
saute crânement de la voiture, en fumant une
cigarette. Il marche délibérément la tête
haute; de son regard froid, assuré, il fait le
tour de la troupe; considère sans émotion ap-
parente les cordes, le bandeau... embrasse une
dernière fois l'aumônier et refuse énergique-
met de se laisser bander les yeux : il veut
mourir debout, sans être attaché, voir la mort
en face...

Un silence lugubre plane sur cette scène
impressionnante...

Les règlements militaires s'opposant formellement au désir exprimé par le condamné,
il se laisse enfin persuader...

On l'attache au poteau, mais avant la minute fatale, il veut causer...

Sans trouble, sans fanfaronnade, il s'écrie
d'une voix nette :

« Camarades, je vais mourir de douze
« balles françaises. C'est dur pour un soldat
« qui a fait toute la campagne en brave.

« Souvenez-vous de moi; voyez où l'alcool
« peut conduire. Quand vous serez sur le

« point de vous « saôuler », pensez au ca-
« poral C...

« Je regrette profondément le crime que
« j'ai commis.

« Dites au revoir au capitaine B..., dites-
« lui que je regrette mon acte.

« Allons, au revoir, camarades, il est temps
« de mourir!

« Visez bien ! »

. . . .

Plus un mot; le caporal se livre; on lui
bande les yeux. Son camarade, toujours immobile, semble ne pas exister...

Un geste du sabre! Les hommes mettent
en joue.

Un second geste! Un bruit sec! Une petite
fumée.

Les deux condamnés s'affaissent ensemble,
touchés en pleine poitrine.

Les médecins se précipitent; le soldat est
mort; le caporal respire encore. Le malheureux ne veut donc pas mourir! Un sergent
donne le « coup de grâce ».

. . . .

Les corps, au pied des poteaux brisés, sont
recroquevillés, roulés en boules sanglantes !

Les troupes défilent en présentant les
armes, et pendant qu'elles quittent le lieu
d'exécution, les infirmiers achèvent la triste
besogne.

VERDUN

JUIN 1916

Vaux-Chapitre

Juin 1916.

Ardenne, nommé capitaine adjudant major au 320me régiment d'infanterie, conduit le bataillon en ligne pendant que son commandant, déjà en secteur, y règle les questions de relève.

Au départ du Faubourg-Pavé, le bombardement salue la colonne. Quelques hommes, touchés, tombent dans la boue.

— « Ça commence bien! » dit un sergent.

— « Ce n'est rien, vous allez voir çà, tout à l'heure! » ajoute un guide.

La longue file s'engage dans un interminable boyau qui serpente à mi-côte du fort de Souville.

L'eau pénètre dans les chaussures, monte jusqu'aux genoux; une puanteur cadavérique prend à la gorge; des blessés s'enlisent; ils vont mourir là, entassés dans la boue, comme leurs prédécesseurs, par les relèves successives.

Sous la violence des feux de barrage de l'artillerie ennemie, les boyaux, bouleversés, disparaissent en des entonnoirs larges de dix mètres, profonds de quatre. Un liquide infect emplit ces trous béants. Malheur à ceux qui y glissent! ils disparaissent au fond!...

A chaque salve, les troupiers se couchent pour se relever rapidement et faire, en **avant**, un nouveau bond, de vingt mètres.

Exténués, beaucoup d'entre eux abandonnent sacs, outils ; d'autres coupent les pans de leur capote, alourdis par l'eau et la glaise qui s'y colle.

Au travers d'un boyau, à mi-hauteur de la paroi, une branche égratigne le capitaine... Une branche ? Non ! c'est le bras d'un cadavre qui tend sa main décharnée. Les parapets, d'ailleurs, sont tout tapissés de ces pauvres corps gonflés, raidis, noircis, jetés là pêle-mêle pour ne pas entraver la voie.

Celui qui tombe là est perdu !...

. . . .

Dans l' « infernal secteur », aux bois de Vaux-Chapitre, aucune tranchée ; à peine quelques éléments de boyaux où pourrissent des cadavres : on n'a ni le temps, ni les moyens de les enterrer.

Il faudra tenir dans les trous d'obus, voilà tout !

Le poste du commandement de bataillon est dans un trou, à peu près au centre du secteur.

La 22ᵐᵉ compagnie, avec le lieutenant Maréchaux, occupe le Ravin du Bazil, devant Douaumont ; la 24ᵐᵉ, la croupe des bois de Vaux-Chapître, avec le capitaine de Girès ; la 21ᵐᵉ est au ravin des Fontaines, barrant la route de l'étang de Vaux, sous le commandement du capitaine Ziégler, en réserve, la 23ᵐᵉ, avec le lieutenant Chenet, remplaçant le capitaine blessé.

Le bombardement, d'une violence jusqu'alors inconnue au bataillon, continue avec la même intensité.

Le commandant Marienval, blessé l'un des premiers et très grièvement, passe le commandement à son adjudant major.

Comme une traînée de poudre, la triste nouvelle circule. Le bataillon est consterné, car ce chef si vaillant, si juste, si bon, était adoré de tous. Les brancardiers emportent le blessé qui, souriant, murmure quelques mots inintelligibles. Sa plaie est affreuse, il paraît cruellement souffrir.

. . . .

Auprès du P. C. gisent de nombreux cadavres. Le régiment précédent n'a pu enterrer ses morts.

Ardenne prend le commandement du bataillon avec un peu d'appréhension : « Serai-je à la hauteur des circonstances? » se demande-t-il.

Cependant, il ne peut hésiter un instant. L'impérieux devoir exige un dévouement sans bornes. Desjardin, l'adjudant de bataillon seconde son chef avec une ardeur soutenue, et fait avec lui, chaque jour, le tour du secteur.

Partout l'horrible spectacle se renouvelle : la destruction est totale, absolue; pas un arbre, pas un brin d'herbe ; on croirait qu'une immense cognée a tout massacré. Là, une carcasse d'avion aux couleurs françaises; des cadavres en grappes; les trous d'obus sont remplis de morts et de moribonds qui regardent tristement, sans exprimer un désir, sans exhaler une plainte; certains d'entre eux ont des yeux hagards, fous d'épouvante et d'horreur.

Près d'un boyau éventré, pourtant, un malheureux dont les jambes sont hachées, demande d'une voix basse : à boire? Ardenne n'a rien, rien !

— « Nous circulerons avec un bidon, demain, » dit-il à Desjardin.

Plus loin, le corps d'un adjudant dont les doigts crispés serrent une lettre inachevée où, avant de mourir, d'instant en instant, il a consigné son affreuse et lente agonie.

Voici un tronc où fourmille, comme dans une ruche, un essaim de mouches.

Au fond du boyau, un corps est tout recroquevillé, les genoux et les bras levés, les yeux ouverts, la bouche béante, sans dents. C'est épouvantable.

Le sergent Chabot, ardennais, instituteur de Paris, tombe là, grièvement blessé. On peut l'emporter au poste de secours. Un capitaine est tué au même endroit. Et la liste s'allonge, s'allonge sans cesse...

A gauche, descendant des pentes de Douaumont, l'ennemi attaque furieusement. Vingt fois il est repoussé, mais tenace malgré ses immenses pertes, il parvient à prendre pied sur les positions françaises. Sa « victoire » dure peu : une contre-attaque l'en chasse aussitôt.

Pour faire quelques mètres, on doit ramper parmi les morts, bondir de trou d'obus en trou d'obus ou derrière des débris de troncs d'arbres.

Il faut des prodiges de vaillance et d'énergie pour ravitailler en eau, en vivres et en munitions les combattants dont les souffrances et les privations indescriptibles, dépassent l'imagination. Ils doivent vivre accroupis, couchés, immobiles : tout mouvement leur coûterait inutilement la vie.

— Le lieutenant Maréchaux, le 9 juin, écrit ce billet : « De l'eau, de l'eau, je vous en supplie, mon capitaine, nous mourons de soif ! » Impossible de lui donner satisfaction: depuis trois jours aucune corvée n'a pu arriver jusqu'en ligne.

Enfin, le soir, cinquante-six bidons de deux litres parviennent au bataillon; mais que faire avec un hectolitre d'eau pour cinq cents hommes, dont cent blessés que la fièvre dévore?

Des malheureux boivent l'eau des mares teintes du sang des morts, où grouillent les vers... d'autres, plus épuisés encore, se gargarisent la bouche de leur urine... On filtre avec des mouchoirs...

Toute la nuit, la pluie tombe, fine et serrée; elle est précieusement recueillie dans les toiles de tente; des troupiers en emplissent leur quart, tandis que d'autres pressent entre leurs mains leurs capotes imbibées...

Quel est donc l'imprudent dant la pèlerine flottant au vent, se distingue, là-bas, dans la brume du matin?... C'est le colonel Malapert, qui, la cigarette aux lèvres, calme et brave, plaisante avec les « poilus ». Bazin, son fidèle officier-adjoint, l'accompagne sous la mitraille.

— « Il a du culot, grand-père; quel cran! » lance Delapierre.

Ardenne se sent fier d'obéir à un tel chef, fier aussi de commander à une telle troupe !

— « Avec elle, nous irons loin », déclare-t-il au capitane de la 21me.

Sans arrêt, les brancardiers relèvent ceux qui tombent. Avec le Docteur Dodeuil, notre médecin-major, ils sont admirables!

— « Tiens, mais pourquoi ces trois cadavres sont-ils encore au travers du boyau du Ravin des Fontaines? Je vous avais dit de les faire enterrer, cependant? »

— « C'est ce que j'ai fait ce matin, mon capitaine; mais un obus vient de nouveau de les arracher de leur tombe. Mon gourbi, tout près — oh! un trou recouvert de quelques branches — a reçu aussi un 77 qui a eu la bonne idée de se poser délicatement entre mes jambes sans éclater!... »

Et la lutte dure dix jours, sans que le régiment ait perdu un pouce de terrain, malgré les attaques répétées, incessantes.

. . . .

A la relève, le 24 juin, le bataillon Ardenne ne compte plus que trois cents hommes et six officiers.

Le P. C. des Carrières

Juin 1916.

C'est un épouvantable charnier!

Le 3 juin, dans la nuit, un poste de secours achève de flamber. Sous les décombres, les corps des nombreux blessés, des médecins, de l'aumônier, finissent de se carboniser. Une âcre odeur de chair qui grésille donne des nausées.

De temps en temps, une grenade explose encore dans le brasier; une fusée éclairante jette son feu d'artifice.

C'est un spectacle des plus émouvants.

La carrière elle-même est le plus terrible coin qu'Ardenne ait rencontré au cours de la guerre.

Le P. C. du Colonel? Un trou où l'eau suinte de partout; une paillasse puante, un banc, une table boiteuse. Deux bougies, de leur pâle reflet, éclairent ce bouge infect, rempli de poux.

C'est en souriant, pourtant, que le chef s'installe dans ce taudis que le premier 210, bien placé, écraserait instantanément.

Autour, quelques vagues « cagnas » ; la cage des pigeons voyageurs, un poste téléphonique qui ne fonctionne jamais, les fils étant coupés lorsqu'on en a besoin; des cadavres recroquevillés ; des blessés qui murmurent doucement : « à boire!... oh! à boire!... » ou qui, sans une plainte, achèvent de mourir...

Voici le trou des médecins, de l'aumônier, abbé Debauvais, tous admirables de dévouement autour de leurs moribonds.

Il y a du sang partout; il se fixe avec des débris de cervelle aux parois des tronçons de boyaux; il tache les uniformes, les équipements, les cailloux; il rougit la moindre flaque d'eau... Partout, dans l'air, une odeur écœurante, nauséabonde, qui se dégage des décombres.

Aucune liaison certaine avec l'arrière ; Ardenne se sent presque séparé du monde : Seuls, les pigeons voyageurs et les coureurs, ces sublimes et vaillants coureurs dont les exploits dépassent tout ce qu'on peut imaginer, vont assurer, sous la direction du lieutenant Loron, quelques vagues communications avec Souville où se trouve le général.

Les artilleurs restent en liaison avec l'infanterie au moyen seulement de fusées signaux; un feu vert, et le barrage se déclanche.

Chacun pense bien qu'il aura une chance inouïe, s'il sort vivant de cet enfer.

Pourtant, aucune crainte ne se lit sur les visages; c'est avec entrain que les gradés font leur ronde, qu'ils organisent la défense.

Cependant, le commandant du bataillon ne serre jamais la main d'aucun de ses sous-ordres, en les quittant, sans une poignante angoisse... Plus d'un, demain, aura disparu...

Le 8, le ravitaillement apporte un peu de vin, un peu d'eau-de-vie!

C'est la joie!

Pendant que chacun grignote un morceau du traditionnel « camembert », et qu'Ardenne, toujours gai, raconte une amusante méprise au sujet de palmes académiques et de mérite agricole, un 210 ébranle formidablement la « cagna » et souffle les bougies... ce qui n'empêche pas le conteur de poursuivre son histoire...

— « Dites donc, le loustic, vous ne pourriez pas attendre qu'on ait rallumé la chandelle! » s'écrie le colonel.

Le capitaine Degland

Pendant ces terribles journées de juin, l'ennemi arrive devant Fleury, aux portes de Souville.

De Douaumont à la Redoute des Quatre-Cheminées, il pleut du fer dans un tourbillon de vapeurs, de soufre et de gaz asphyxiants. Les balles, par milliers, ricochent et vibrent en tous sens.

Les assauts vingt fois repoussés, se renouvellent sans interruption et le boche finit par prendre pied sur les pentes de la redoute, dont les défenseurs, — une poignée —, luttent avec acharnement, tenant tête aux agresseurs.

Au centre, le colonel, dans une attitude de héros antique, froid, calme, impassible, stoïque, le revolver au poing, fait face à la mort.

— « Rendez-vous! Rendez-vous! »

Une volée de balles est la seule réponse des vaillants. Le colonel a tiré ses dernières cartouches, à côté de son officier adjoint, le jeune capitaine Degland, accoudé sur un té léphone de campagne, en liaison avec son général et l'artillerie.

Les mitrailleuses ennemies font payer par une formidable bordée, la vaillante résistance du petit groupe. Le colonel frappé au front tombe sans un mot, sans une plainte. Un râle, un violent soubresaut qui soulève la poitrine; c'est la fin de ce noble soldat.

Grenadiers, fusiliers, mitrailleurs, fous de rage et de désespoir, tiennent stoïquement et ne permettent aucune progression ennemie ; tout visage qui se montre est visé et les cadavres allemands emplissent déjà les éléments de tranchées environnant le fortin.

Au loin, des vagues d'assaut montent encore, grouillant entre les morts.

— « Allô, l'artillerie, barrage en a - b » commande le capitaine.

« Allez, signaleurs, lancez les fusées de barrage ! »

Et instantanément, le 75 hache les fantassins gris et nettoie la zone...

Les boches alors reprennent le bombardement, écrasent, pilonnent la redoute qui n'a plus à présent qu'une douzaine de défenseurs valides, couverts de boue, de sueur et de sang...

Au téléphone, on ne répond plus aux demandes de barrage...

Plus de munitions !

Des grenadiers prussiens à la face grimaçante, hideux, franchissent en hurlant, le parapet et tombent sur Degland, la baïonnette basse.

— « Halt! Halt! » crient-ils à l'officier qui essaie toujours de téléphoner.

— « Barrage! Barrage! hurle le capitaine. « Je meurs : Vive la France! »

Et les sauvages le clouent à coups de baïonnettes.

. . . .

Le lendemain à l'appel, on compte au régiment une centaine d'hommes, quatre ou cinq officiers, Gude, un héros, Aubry, un brave, le Docteur Menu, un vaillant. Tous les officiers supérieurs, le colonel de Lamirault, le commandant Aubry, presque tous les commandants de compagnies ont été massacrés à la tête de leur troupe; le beau régiment ardennais est anéanti mais il a rempli sa mission.

La mort du capitaine Roy-Poulet

« Enfin nous avons franchi le terrible calvaire », écrivait le vaillant capitaine, au sortir des combats livrés du 3 au 15 juin, aux Bois de la Caillette et de Vaux-Chapitre.

Comme toujours sa compagnie qu'il aimait, qu'il dirigeait comme une vraie famille, avait donné à son chef et au commandement la plus grande satisfaction et elle s'attendait à un repos chèrement gagné...

Le 22 juin, un ordre arrive : le régiment montera en ligne dans la nuit aux environs du fort de Vaux, car une attaque ennemie de grande envergure se dessine sur Souville.

A tout prix, il faut sauver la dernière forteresse qui protège Verdun...

La compagnie Roy-Poulet est aux Bois-Fumin avec la périlleuse mission de tenir coûte que coûte la crête qui barre la route de Souville.

Le commandement peut être tranquille. Pour passer là-haut, il faudra hâcher les défenseurs.

A la tombée de la nuit, la violence du bombardement est telle que les habitués du secteur ne peuvent s'y tromper : l'attaque de l'infanterie est proche. Le pilonnage martèle, écrase, brise, assomme, tue, de Vaux à Fleury.

Les pertes sont formidables.

Avec l'arrière, toutes les communications sont coupées.

Les officiers, inquiets, se demandent si leur troupe affaiblie pourra, au matin, résister à l'avalanche boche... Si la ligne est crevée en un point, c'en est fait de Verdun!

A la lueur des fusées, Roy-Poulet circule auprès de ses hommes, les encourage, les réconforte, vérifie ses signaux, ses fusées, ses liaisons.

Là, vers la compagnie Muzy, le contact est perdu, le Boche pourra s'infiltrer; il faut remédier immédiatement à cette situation dangereuse pour la défense.

Le capitaine rampe vers ce trou.

— « Attention, mon capitaine, vous allez vous faire tuer ! » dit un sergent. ;

— « C'est mon devoir ! » répond le vaillant officier en s'éloignant.

Après mille obstacles, mille difficultés vaincues, Roy-Poulet arrive à son camarade et, avec lui, corrige et rétablit la défense.

Tout à coup, une clameur immense jaillit des lignes allemandes, tandis que les fusées de toutes couleurs éclairent l'adversaire ou signalent et jalonnent les positions.

Malgré les avertissements de son camarade, Roy-Poulet bondit vers sa troupe.

Les mitrailleurs ennemis l'ont aperçu et le tirent à quatre-vingts mètres. Atteint de trois balles au cou et à la tête, le courageux capitaine s'affaisse dans une mare de sang.

Autour de lui, la lutte se déroule, farouche, atroce, au couteau, à la grenade, à la baïonnette. Les morts s'entassent, les blessés rampent vers l'arrière, mais les survivants tiennent bon dans un corps à corps de deux heures... Souville est sauvé !

Le capitaine Roy-Poulet, tombé en héros, repose devant la forteresse, dans l'immense cimetière, environné de ces vaillants soldats qui ont fait de leur poitrine, un rempart invincible pendant les plus mauvais jours du siège de Verdun.

EN ALSACE

Vers l'Alsace

Juillet 1916.

Le bataillon gravit lentement la route qui serpente au travers des forêts de sapins, à la sortie de Gérardmer. C'est un paysage enchanteur, et Ardenne en goûte d'autant mieux le charme qu'il est heureux d'avoir échappé au massacre de Verdun. Cette délicieuse matinée, cette « promenade militaire » dans les Vosges, il ne l'oubliera jamais...

Au sommet de la côte, pause !... Une auto arrive à toute vitesse, dans un tourbillon de poussière... N'est-ce pas le fanion du général de division qui flotte à l'avant?... On saute aux faisceaux; on rend les honneurs.

Ardenne n'est pas peu surpris de voir s'avancer vers lui, accompagné du colonel, le général qui lui dit à brûle-pourpoint :

« Mon cher, je suis bien heureux de vous
« annoncer qu'une proposition faite en votre
« faveur, m'est revenue ce matin du G. Q. G...
« Vous êtes chevalier de la Légion d'Honneur.»

Tout interdit, le capitaine « bredouille » quelques mots de remerciements; secoué par l'émotion, il est incapable de mettre une phrase debout.

Cependant, il se ressaisit :

— « Je suis heureux, mon général, pour mon vieux père, volontaire de 70, qui gémit encore de l'autre côté des lignes, pour les miens, pour mes élèves qui, j'en suis sûr, plus tard, se réjouiront de mon bonheur... »

Le régiment se remet en marche.

Voici la Bresse, où il cantonne; Cornimont où il fête le « 14 Juillet », où le capitaine Ardenne est décoré...

On marche maintenant vers les hautes cîmes : il faut passer le col de Ventron avant midi. Le bataillon quitte la riche vallée de la Moselotte et s'engage sur une route bordant un sombre ravin au fond duquel chante et sautille sur les roches polies, en cascades, un torrent rapide, dans un cadre de hautes fougères, de myosotis, de myrtilles et de digitales aux couleurs éclatantes .

Courbés sous le sac pesant, suant, essoufflés, les troupiers grimpent toujours...

Un coup de trompette! La pause!

A cent mètres, voici le poteau-frontière... le poteau brisé de l'ancienne frontière!...

Neuf heures : sac au dos!

Le moment est solennel. Au commandement du capitaine, les sabres et les baïonnettes brillent, la cadence du pas s'accentue; fièrement les têtes se lèvent; d'un geste large, les officiers saluent du sabre; les soldats présentent les armes, rendent les honneurs au drapeau qui flotte en terre reconquise dont on admire maintenant la succession de vallons et de sommets arrondis. Un clair soleil dégage les vapeurs matinales et illumine les derniers nuages floconneux qui s'accrochent encore nonchalamment çà et là aux cîmes des Vosges alsaciennes.

— « Est-ce bien vrai ?... N'est-ce pas un beau rêve ?... Sommes-nous bien en Alsace ? » pense Ardenne en proie à une vive émotion...

De chaque tournant de la route de montagne, on jouit de merveilleux paysages. De sombres forêts de sapins couvrent les ballons; des torrents tombent de rochers en rochers en étincelantes cascades.

Voici la luxuriante vallée de la Thür. Le régiment fait la grand'halte à l'entrée d'un village : C'est Krüt, que l'on traverse aux sons de « Sambre-et-Meuse », drapeau déployé.

Les habitants, quoique habitués depuis longtemps à voir défiler chasseurs et fantassins, saluent encore timidement, gravement, d'un air que les arrivants jugent sévère et méfiant...

Le bataillon cantonne à Odern. Il y est reçu avec sympathie. Dans beaucoup de maisons, les troupiers sont choyés...

Ce que l'on sent, dès le premier contact avec les Alsaciens, c'est, non seulement la tristesse des deuils déjà nombreux, mais celle surtout de ce drame poignant qui met en présence, dans les camps adverses, des frères qui s'entre-tuent. Beaucoup de jeunes gens, en effet, ont pu s'échapper et passer les Vosges pour servir dans les rangs français, tandis que d'autres ont dû rester incorporés dans les rangs allemands.

Le bureau du bataillon est installé chez des personnes qui ont perdu un fils à Reims, dans l'armée allemande, dont un second est prisonnier et un troisième engagé en France, combattant actuellement à Verdun.

Souvenir de Massevaux

Odern, 20 juillet.

Le capitaine est logé à Odern, chez un industriel de vieille famille alsacienne, M. G..., qui reçoit avec une extrême cordialité les officiers de l'Etat-Major du bataillon, médecins et mitrailleurs, auxquels il se plait à parler de la belle Alsace, des misères endurées depuis un demi-siècle, des vexations subies, des espoirs jalousement conservés, de l'enthousiasme poignant des premiers jours de guerre.

Il dit l'entrée des Français à Massevaux, à Masmünster, comme disait le boche :

« C'était pendant la première semaine de guerre. Les cloches de Massevaux sonnaient le glas des morts pour Mme A..., qui venait de mourir.

La famille et les amis de la défunte attendaient en prière, l'arrivée du prêtre... des hommes, l'air grave, à voix basse, s'entretenaient des événements survenus depuis quelques jours, dans l'attente d'autres plus importants encore...

Tout à coup, tous les yeux se tournent vers l'ouest, une femme crie : « Ah! les Pantalons rouges! »

En effet, de tous les sentiers des Vosges, des routes en lacets dégringolent, d'un pas agile et en chantant, toute une masse de troupiers français, avalanche qui s'abat sur la plaine.

L'émotion est poignante dans la foule; les gorges se contractent, les poitrines se gonflent, les yeux se mouillent; de vieux soldats de 70 se serrent les mains, les femmes pleurent...

A l'angle de la rue, deux képis rouges se sont montrés, deux éclaireurs sans doute, puisqu'ils ont disparu. Les cloches sonnent pour la défunte...

L'officier qui commande l'avant-garde hésite... Peut-être croit-il à l'appel aux armes ? « Non, pourtant, nous sommes en Alsace ! » pense-t-il aussitôt.

Avec deux de ses hommes, il s'avance vers le rassemblement, parlemente, se renseigne...

Un signe, et la troupe, une section, s'avance...

Au même moment arrive le clergé; le fils de la défunte va causer au prêtre qui paraît interdit, tout déconcerté... On sent une discussion courtoise... Que se passe-t-il ?...

Enfin, le prêtre bénit le cercueil, psalmodiant ses prières.

L'officier français s'incline, salue du sabre, fait encadrer le cortège et commande d'une voix forte :

« Présentez armes ! »

Les armes claquent.

A ce commandement qu'on n'a pas entendu en Alsace depuis un demi-siècle, à ce geste que seuls, les vieux ont reconnu, les sanglots éclatent, l'émotion est trop intense, aucun des assistants ne peut retenir ses larmes, et lentement, entre deux haies de soldats français l'arme au bras, le cortège se met en marche vers l'église...

Torpillage au Südelkopf

Une explosion épouvantable ébranle la montagne; la terre tremble sous les pieds; des troncs d'arbres déchiquetés sont soulevés à une hauteur prodigieuse; un nuage de fumées multicolores enveloppe le piton du Südel...

Voilà le boche qui crapouillotte !

Inutile de donner l'alarme! Toute la garnison, soldats d'abord, gradés ensuite, disparaît prestement dans les abris-cavernes, solidement creusés dans le roc.

Seules, les sentinelles veillent sous le terrible écrasement...

De minute en minute, un léger frou-frou du « minen » qui tombe, est suivi du même craquement horrible.

Des observatoires latéraux, on guette les lignes ennemies : les artilleurs recherchent les points de départ des torpilles, et rapidement, exécutent leur tir de représailles d'accord avec les « crapouilloteurs ».

Pendant deux heures, le bombardement écrase et bouleverse boyaux, tranchées, postes de guetteurs, entrées d'abris...

Un dépôt de munitions s'enflamme : les fusées s'élèvent en feu d'artifice pendant que les bombes et les grenades explosent une à une...

Les artilleurs de tranchées, aussi vigilants que courageux, chargent leurs pièces sous la rafale et ripostent vertement.

Grâce à la précision des bombardiers français, le boche, le premier, espace ses coups; le feu, bientôt cesse complètement.

Prudemment, un gradé sort de l'abri, jette un coup d'œil sur le terrain « catastrophé ».

Peu à peu les hommes se montrent et commencent à déblayer l'entrée des abris.

Mais pour reconnaître complètement l'étendue du bouleversement, dégager les sentinelles écrasées, les hommes enterrés vivants dans les « cagnas » effondrées, hélas! il faut attendre le soir...

Beaucoup manquent à l'appel, engloutis ou « volatilisés » par les torpilles. De ces malheureux derniers, on retrouve tout juste une mare de sang...

Pendant toute la nuit suivante, on pioche, on terrasse, on creuse, on dégage, on rétablit les tranchées, sous les rafales de mitrailleuses, à la lueur des fusées, tandis qu'en avant, camouflée dans l'inextricable fouillis de matériaux et de fils de fer tordus, une patrouille observe les mouvements de l'adversaire...

Le légionnaire Ranspach

Au Südel...

— « Dites - donc, Capitaine Maréchaux, Ranspach me semble bizarre depuis quelques jours; il a fait la « bombe » au dernier cantonnement; il est rentré en retard le jour où on l'a décoré de la médaille militaire; c'est bien curieux, tout cela ! »

— « Un accès de « cafard », sans doute, mon commandant; c'est un ancien légionnaire, et ça lui arrive quelquefois. »

— « Eh bien! surveillons-le de près; peut-être pourrons-nous dissiper son ennui après avoir trouvé les motifs de sa peine... »

Au Südel, Ranspach, en sentinelle ne bouge pas; il vit comme dans un rêve, au petit poste, attentif au moindre bruit, l'arme à la main, les yeux fixés au loin, sur la grande plaine d'Alsace qui s'étend au-dessus de la vallée de Rimbach jusqu'au Rhin...

C'est à peine s'il consent, la nuit, à quitter sa faction pour prendre un peu de repos; mais dès les premières lueurs du jour, on le retrouve au même endroit, de garde au lieu et place d'un de ses camarades.

Depuis quinze jours, on ne l'a vu sourire que le matin où apercevant le général de division Boyer, il a dit à son caporal, joyeusement: « Tu vois, c'est mon ancien colonel de la Légion. »

Puis il a repris sa garde avec le même entêtement bizarre, la même immobilité de statue.

Un soir, pendant sa ronde, Ardenne aperçou l'ancien légionnaire accoudé sur le parapet et regardant comme d'habitude le merveilleux paysage doucement estompé par les massifs vosgiens.

— « Bonsoir, Ranspach ; comment allez-vous ce soir? »

— « Très bien, mon commandant! »

— « Mais... vous n'êtes plus le même, depuis quinze jours, vous semblez malheureux?... »

— « Oui, j'ai le cafard... »

Tenez, voyez-vous ce grand village, là-bas, par ici de la route de Colmar?...

C'est mon pays! C'est Rouffach! C'est là qu'est ma mère; je ne l'ai pas vue depuis vingt ans, jour où je me suis engagé, et ça me fait quelque chose de revoir ça. »

Englouti dans la neige

Janvier 1917.

— « Vous sortez sans raquette, sans canne de skieur, sans guide, par cette neige? c'est imprudent, mon commandant. »

— « Non, je vais aux secondes positions de mitrailleuses vers Kohlschlag; si on m'appelle au téléphone, faites-moi demander par le poste de la 23me, je préviens au passage le lieutenant Chenet. »

Le commandant Ardenne part en sifflotant, les mains enfoncées dans les poches, à M13 et M14, où deux équipes de mitrailleurs de position d'un bataillon territorial, attendent paisiblement la fin de la guerre en faisant des cannes, des encriers, des bagues, des coupe-papier!!!

Dans le ravin de Breithal et de Kaltenbach, la neige s'est amoncelée; les sentiers et les pistes ont disparu, tous les boyaux et les tranchées sont nivelés; les sapins ploient sous le poids des glaçons accrochés à leurs branches en une multitude infinie de stalactites qui resplendissent de mille feux aux rayons du soleil de midi.

Ardenne est charmé par ces merveilleux décors qui lui rappellent les paysages féériques de la vallée de la Meuse, et il se dirige, rempli d'admiration vers la clairière du col Amic, par le chemin muletier de Kohlschlag...

Tout à coup, la croûte de neige gelée craque et s'effondre sous ses pas et il disparaît dans une crevasse où il se sent englouti comme dans un tombeau .

Malgré l'effroi qui le terrorise, le commandant n'a pas perdu son sang-froid; il essaie de se cramponner aux rebords de la croûte auxquels ses bras levés arrivent à peine; mais aux moindres efforts, tout s'écroule autour de lui. Il se sent perdu...

L'épais manteau qui le recouvre a deux mètres de haut, et il n'a que ses mains pour s'aider...

Maintenant, il a peur. Personne n'a répondu à ses appels répétés; il lui faudra mourir là...

Un frisson glacial envahit tout son être et pourtant, la sueur perle sur son front... Il ne veut pas mourir! Il se raidit, tente un nouvel effort, se soulève, s'accroche de nouveau; mais la surface gelée se détache et s'effondre, le recouvrant d'une fine poussière blanche qui lui cingle les yeux...

Cette fois, c'est fini ; il est à bout, exténué ; ses ongles arrachés saignent ; il s'énerve et se voit perdu dans une lutte inutile... Il se laisse aller au fond de sa tombe et attend, affolé...

Mais il ne peut pas, il ne veut pas mourir ainsi. Ce serait affreux ! Il faut lutter encore... d'abord reprendre du calme... se reconnaître, se repérer, déterminer l'endroit où il se trouve, voir... voir autre chose que les cieux ou les parois de sa fosse...

Une idée traverse son cerveau : il va essayer de se hausser ; s'il gagne un demi-mètre, il verra...

Alors, fébrilement, rageusement, il gratte la neige, l'amoncelle sous ses pieds, frappe des mains, du talon, des genoux, et forme ainsi au centre de son trou un socle dur qui le soutient...

Ce demi-succès le calme ; il se remet au travail et, s'appuyant aux parois, il se hisse... Oh ! voici les ruines de Freundstein ; derrière, là-haut, la roche Amic, là tout près, une ligne de buissons...

Il se reconnaît ! Il est tombé dans le ravin qui grimpe vers la position M13 et là, à gauche, le sol remonte en pente douce vers les buissons ; il suffit de tailler un couloir de quelques mètres, pour trouver la délivrance.

Ardenne creuse avec ses mains et réussit à avancer de deux mètres... Oui, le sol remonte... voici un gros galet à ses pieds ; il y grimpe... la pente s'élève toujours... le voici aux buissons.. il est sauvé !

Pas encore pourtant! Les mitrailleurs ennemis du Südel l'ont aperçu! Les balles sifflent et font voltiger autour de lui une poussière de neige... Il se jette dans un fourré... S'il est touché, là, dans cet endroit désert, c'est la mort certaine...

Mais la fusillade a cessé et l'imprudent bondit à la crête, à deux cents pas...

Péniblement, Ardenne arrive à son poste; la fièvre le prend, il doit s'aliter...

Coup de main à 425

(Hartmannsweilerkopf)

But : Faire des prisonniers. Détruire les organisations ennemies. Rapporter des documents permettant l'identification de l'ordre de bataille ennemi.

Objectif : Première ligne, abris A. B. C. D. Seconde ligne, abris, mitrailleuses 1. 2. 3. 4

Préparation : Brèches dans le réseau par l'artillerie de tranchée.
Reconnaissance de la base de départ, des points de passage. Exécution, répétitions diverses sur le champ de manœuvre où sera reproduit le dispositif à attaquer.

Effectif : Brèche de gauche : lieutenant Maillard, avec son groupe franc, avec mission de nettoyer les abris A. B., ceux de

la seconde ligne, enlever les mitrailleuses.
Brèche de droite : lieutenant Arquinet, avec
son groupe franc, avec mission de nettoyer
les abris G. D. et enlever les mitrailleuses.
21ᵐᵉ compagnie : un peloton sautera dans
la première position ennemie; 2ᵐᵉ peloton
en soutien.

Chef de l'opération : Capitaine Lucien.
Bataillon Ardenne avec deux compagnies
prêtes à agir.

Tenue : veste, casque, ceinturon, grenades,
couteaux, masque.

Fusils, pistolets automatiques.

Les officiers porteront en plus de leur arme,
des pistolets signaleurs.

Les grenadiers porteront des grenades incendiaires. Les pourvoyeurs auront des
grenades V. B., des charges de cheddite.

Exécution : Jour : J... donné par le commandement. Heure : H..., choisie selon le lever
de la lune. Réglage des montres au P. C.
du bataillon :

à H - 30 minutes, marche d'approche, s'installer à cent mètres des lignes ennemies;
à H - 3 minutes, tir d'artillerie de campagne
et de 58;

Ecrasement du secteur ennemi;

à H..., barrage roulant, l'artillerie allongeant
son tir de 50 mètres à la minute et le fixant
sur les mitrailleuses. Départ de l'infanterie.
La fin de l'opération sera signalée à l'artillerie par des fusées vertes.

Liaisons : Téléphone, optique, coureurs, fusées.
Service de santé : Brancardiers en ligne, avec le peloton de la 21me.
Poste de secours aux Rochers du R...
Officiers d'Etat-major, l'officier interprète Fraysse.

. . . .

Exécution : Un coup de téléphone pendant le dîner :

Demain = Jour J.
H   = 2 heures 45.

. . . .

Alerte! En une heure, les différents groupes sont en place.

Que l'aiguille tourne lentement, pour les exécutants !

H - 3! 2 heures 42! Encore quelques minutes, et l'infanterie va s'élancer !

Un fracas formidable!... L'artillerie prépare le terrain; les réseaux sont coupés, les madriers déchiquetés, les tranchées bouleversées.

Chez les assaillants, le cœur se crispe. Il bat plus vite dans cette attente; les yeux cherchent à percer l'ombre...

A 45 tapant, l'artillerie allonge son tir ; les groupes bondissent comme des tigres, franchissent les réseaux de fils de fer, fouillent, recherchent les mitrailleuses, font exploser les abris à la mélinite.

. . . .

Pas un boche! Il a flairé l'attaque! Depuis quelques jours, les 58 préparant les brèches lui ont fait pressentir le coup de main.

L'ennemi a évacué la position et, à quinze cents mètres en arrière, a établi une ligne de mitrailleuses qui accueillent rudement la première vague d'assaut.

Les groupes rentrent dans leurs lignes, entraînant quelques blessés et ramenant des armes et quelques documents...

L'opération n'a donné aucun résultat sérieux.

On la reprendra plus tard.

Luttes d'avions

Avril 1917.

Depuis quelques jours, le soleil fait fête!
Pour tous, c'est l'espérance avec un peu de gaieté.

Ardenne se sent heureux de voir venir les beaux jours. « Avril, mai, tout au moins apportera sûrement la victoire et la délivrance des pays envahis », pense-t-il.

La neige a disparu des ballons. Là-bas, sur les pentes boches, les vaches vont paître dans les pâturages du petit ballon de Guebwiller on voit chaque matin monter les troupeaux qui en redescendent le soir.

Tranchées et boyaux sont plus propres : l'eau s'écoule, la boue se sèche, les roches reluisent au soleil, les sapins paraissent moins sombres.

Les « patrouilleurs » reprennent leur vie active, car les skieurs ont dû abandonner leurs « planchettes ».

Du Ballon de Guebwiller où Ardenne monte souvent, comme de ses observatoires, il embrasse les paysages enchanteurs des Vosges alsaciennes; l'immense plaine piquetée de ses nombreux villages aux toits rouges; Colmar qui paraît dormir, Mulhouse dont la vie active se révèle par une multitude de hautes cheminées qui fument; la lointaine et grande forêt de Nonnenbruch; le Rhin, dont la large courbe, au coude de Bâle, miroite au soleil; en arrière le sombre massif de la Forêt-Noire; et enfin, à droite, au-dessus de l' « Hartmann », loin, bien loin, la resplendissante chaîne des Alpes se détache toute rose.

. . . .

Ces belles journées claires ont ramené les avions.

A chaque instant, on entend le vrombissement des moteurs.

Les hommes alors se terrent, disparaissent dans les abris ou se dissimulent sous les sapins, car il est formellement interdit de manifester le moindre signe de vie pendant les reconnaissances d'avions aux croix noires.

. . . .

Allongé dans les hautes herbes, au pied d'un sapin, le commandant, la jumelle aux yeux, scrute l'horizon...

Voici que dans le lointain apparaît un point noir...

Il s'approche... il grandit...

Bientôt on distingue nettement un monoplan qui passe au-dessus des cîmes à une vitesse vertigineuse...

Comme un faucon, il fonce sur un avion ennemi que, tout d'abord, Ardenne n'avait pas vu.

Un crépitement précipité de mitrailleuses!... le boche flambe comme une gigantesque torche et s'abat vers le sol où il s'écrase...

Il est tombé loin de là, vers Metzeral, dit-on.

Mais voici qu'un autre appareil ennemi, pensant venir au secours du premier, sans doute, apparaît, s'approche; ses « croix de fer » se dessinent, très visibles, au plan inférieur...

L'artillerie l'a répéré... Un coup de canon!... un sifflement aigü... une boule de fumée blanche à l'avant, une autre dans le sillage, une troisième à gauche... l'aéroplane est bien encadré!...

Une seconde pièce tire loin, loin, trop loin!

— « Arrêtez! Nuls!... vous gâchez la poudre! » crie le capitaine Maréchaux. »

— « Ça y est!... Non!... Si!...

En une seconde, l'avion a piqué; on le croit touché!... Mais il a repris sa course. Croit-il échapper au danger?

La batterie ne le lâche plus! On le sent pris. Les coups se resserrent. Il ne pourra fuir.

Il vole bas, à quinze cents mètres. De toutes les tranchées, les coups de fusils éclatent...

Ardenne, les yeux démesurément ouverts, le cœur battant à se rompre, suit passionnément la lutte.

— « Ça y est! Ah! ça y est, cette fois! »

Comme une masse, l'appareil s'abat sur la terre. Un obus de plein fouet l'a coupé en deux !

A cent mètres du sol, le pilote saute de la nacelle en flammes, mais il tombe environné de débris incandescents.

Des hommes bondissent pour porter secours aux aviateurs s'il est encore besoin; impossible! l'artillerie allemande encadre son appareil vaincu avec des obus de 150, pour en interdire l'accès et empêcher ainsi de recueillir les documents, les clichés, l'appareil photographique...

Il faut attendre l'obscurité...

Dès la nuit, une corvée s'approche pour rassembler les débris...

Rien! tout est carbonisé...

Sous le moteur, à demi-enfoncé dans le sol par la force de la chute, l'un des aviateurs respire encore faiblement...

Mais bientôt il meurt...

Son agonie a duré huit heures!...

Le Lieutenant Henri Boyer

de la Légion Etrangère

Une triste nouvelle arrive à la D. I., le lieutenant Henri Boyer, fils du Général, vient de tomber glorieusement devant Moronvillers.

Vingt ans! Enthousiaste, plein d'allant, charmant garçon, distingué, beau gars, rompu à tous les sports, animé d'une ardente foi patriotique, admissible à Saint-Cyr, Henri Boyer s'engage pour la durée de la guerre en août 1914.

C'est un enfant, mais c'est déjà un grand soldat!

Il a de qui tenir : ses aïeux, son grand-père, ses quatre grands-oncles, volontaires de quatre-vingt-douze, rentrés chez eux en 1815, couverts de blessures et de gloire; son père, général, officier de la Légion étrangère, ayant couru le monde, lui ont donné le plus pur exemple!...

A son tour, le voici lieutenant dans cette troupe d'élite, commandant les vieux guerriers avec un tel ascendant moral, une si grande audace et tant d'entrain qu'il en fait absolument ce qu'il veut.

En mai 1915, aux attaques d'Arras, au moment de bondir à l'assaut, le feu est si violent que les terribles légionnaires ont une seconde d'hésitation et qu'un léger flottement se produit dans leurs rangs.

On vit alors cet enfant de vingt ans, calme comme un vieux grognard, dans une attitude de héros ,grimper sur le parapet de la parallèle de départ, fumer tranquillement des cigarettes sous l'infernale rafale, puis au coup de sifflet, au geste de l'épée, s'élancer suivi de ses légionnaires sur un espace de trois kilomètres, jusqu'au moment où il tomba grièvement blessé.

Pendant vingt-quatre heures, le jeune officier resta entre les lignes, sans pousser une

plainte et n'est sauvé que grâce au dévouement de son ordonnance.

Le 17 avril 1917, devant Moronvillers, dans
une chaude journée, les mitrailleuses ennemies déciment la Légion; un millier d'hommes,
trente officiers sont tombés en quelques minutes; le lieutenant Boyer, commandant le canon
d'accompagnement, fait abriter ses hommes et
accomplit, seul, la plus périlleuse reconnaissance pour trouver le meilleur emplacement de
tir de sa pièce.

Il tombe tué d'une balle au front.

. . . .

« Mon pauvre papa, avait-il dit quelques
jours auparavant, je viens de prendre part à
cinq grands combats; nos pertes sont toujours
terribles; au sixième, j'y resterai; d'ailleurs à
la Légion, tout le monde y passera. »

. . . .

Ajouter un mot serait atténuer la grandeur
de ces nobles paroles...

Admirons et souvenons-nous!

A Metzeral

Printemps 1917.

Quel dommage de se battre dans cette
riante contrée, dans ces paysages enchanteurs!

... Quand on monte de Krüt au camp Brun,
pour redescendre dans la vallée de la Fecht, à
Mittlach, et Metzeral d'un côté, ou à Sonder-

nach de l'autre, on traverse une région merveilleusement belle et si l'on n'entendait de temps en temps le grondement du canon, on se refuserait à croire à la réalité effrayante : la tuerie à quelques kilomètres de là.

C'est à la chaude saison que le bataillon Ardenne occupe ce secteur. Le P. C. est aux abords de Metzeral, dans un boqueteau, au pied du massif boisé de l'Illienkopf.

La compagnie de réserve et les mitrailleurs sont installés dans les ruines de la petite ville; les deux autres compagnies tiennent les pentes de Mättle, le Kiosque, encadrant des territoriaux alpins.

La vie est dure, en ligne; les torpillages et les bombardements sont fréquents; les positions sont très mauvaises, établies sous le nez du boche qui domine les tranchées et les flanque par des feux de mitrailleuses installées sur des massifs voisins.

Pourtant, il faut tenir le Kiosque ou abandonner complètement la rive droite de la rivière, perdre Metzeral! Aucun grand chef ne voudrait s'y résoudre.

Le premier souci du chef de bataillon est de renforcer les réseaux de fil de fer barbelé, car les coups de main sont à craindre. L'ennemi n'a qu'à sauter des lisières de l'Illienkopf à l'aube, au crépuscule ou par un temps brumeux, pour surprendre patrouilles ou sentinelles.

Le service de garde est solidement organisé; la surveillance est active; la liaison avec l'artillerie bien assurée; plusieurs coups de main échouent.

Il ne semble pas que l'ennemi ait intérêt à attaquer dans cette région; ses positions sont admirablement choisies et les lignes françaises sont accrochées au flanc de la montagne, au petit bonheur, au hasard d'une fin de combat, figées depuis deux ans, sans qu'aucun commandant de secteur ait osé reculer d'un pas pour choisir de meilleurs emplacements. Il semblait à chacun que c'eut été un sacrilège d'abandonner un pouce de terrain arrosé de tant de sang et si chèrement payé...

Le commandant Ardenne redevient touriste, ou presque, en étudiant un plan d'organisation de secondes positions défensives du Braunkopf à Sondernach par la rive gauche de la Fecht, la route de Metzeral à Mittlach, le camp Dubarle, les pentes boisées de la côte 1008 et les observatoires d'artillerie.

Il faut des mitrailleuses, une quantité de mitrailleuses parfaitement dissimulées dans les ruines, au milieu des rochers, aux lisières des vergers et des bois... Et le boche pourra venir: il sera fraîchement accueilli.

A Mättle, le travail est à recommencer chaque jour. C'est le mauvais coin du secteur.

Les „marmites" et les „minens" écrasent à tout moment les tranchées, les boyaux, les cagnas. Les pertes de la 23me y sont sévères.

Malgré tout, le brave et calme lieutenant Chenet ne se décourage jamais. Il travaille avec zèle et méthode pour creuser des abris de bonne protection pour sa compagnie.

A chaque bombardement, les ruines s'accumulent : les riants villages de Metzeraï, de Sondernach, de Mühlbach, sont anéantis et les excursionnistes d'avant-guerre ne reconnaîtraient plus la riche et coquette vallée de Munster...

Fin juin, relève. Par une belle et claire matinée, Ardenne, à cheval sur la route qui serpente en lacets, jusqu'au col, admire une dernière fois le pittoresque paysage du Honeck à la plaine d'Alsace et s'enfonce sous bois vers le sentier de Wildenstein qui conduit à la Thür.

En Haute-Alsace

Août 1917.

Il fait une de ces chaudes matinées d'été où la nature entière paraît embrasée; le bataillon est en marche vers la Haute-Alsace par la route de Belfort à Suarce.

Il doit occuper un secteur aux environs d'Altkirch-Dannemarie, où on prépare, dit-on, une formidable offensive ayant pour objectif Mulhouse et peut-être le Rhin.

— « Tuyau de cuisinier, sans doute, » dit l'incrédule adjudant de bataillon.

Cependant, dans les bois qui bordent la route, se trouvent d'importants dépôts de munitions; des travailleurs malgaches et annamites construisent des voies de communications, des lignes de chemin de fer pour l'artillerie lourde à longue portée...

Certainement, il se prépare quelque chose ici...

Le bataillon cantonne à Friesen.

Pendant la nuit, reconnaissance du secteur par les gradés en vue de la relève prochaine.

. . . .

La région est calme; aucun coup de canon; activité presque nulle chez l'adversaire. Il y a là une troupe fatiguée qui vient de Verdun, paraît-il, et qui est, avant tout, avide de repos. Ses patrouilles et ses reconnaissances sont peu entreprenantes; aucun coup de main; pas d'observation aérienne; donc, rien à craindre, du moins quant à présent...

Le P. C. du bataillon, de Largitzen, est transféré dans un bois, tout près de grands étangs où Ardenne pêche le brochet et la tanche; les troupiers cueillent en quantité les framboises qui pullulent...

C'est le repos!!!

Les visites de secteur sont de longues promenades sous bois.

Vraiment, ici, ce n'est plus la guerre!

De temps en temps, une balle perdue siffle dans la ramure; une sentinelle est atteinte...

Des observateurs boches, postés dans les arbres, guettent les hommes au passage et tuent quelque imprudent assis, trop en évidence, sur le bord d'un étang, ou quelque «promeneur» oubliant, dans ce calme, de prendre les plus élémentaires précautions.

Un obus malencontreux, un jour, cause quatre ou cinq victimes dans le bataillon.

Décidément, il est à croire que le commandement ne veut pas attaquer en Alsace pour ne pas détruire cette riche province qui va revenir, intacte, à la France, à la Victoire proche...

— « Vous allez à la bataille, maintenant », a dit le général commandant l'Armée, lorsque, au bout d'un mois de ce repos bienfaisant, le régiment quitte cette région...

VERDUN

SEPTEMBRE 1917.

Journée du 14 septembre 1917

Dans la nuit du 13, le 6me bataillon est appelé à remplacer des unités du ...^me R. I. (bataillon L...).

Le chef de bataillon Ardenne prend les dispositions suivantes :

1° A droite, la 22me compagnie, trois sections en ligne, une en réserve, occupe la cote 355;

2° A gauche, la 23me, même disposition, occupe la tranchée des Renards;

3° En réserve, la 21me, aux environs du P. C. des Quatre-Chemins, dans la tranchée du même nom, et dans les trous d'obus.

Les mitrailleuses sont réparties dans le secteur.

Pendant la relève, un bombardement d'une violence inouïe cause des pertes sérieuses ; les guides s'égarent ou sont tués; la direction est perdue par quelques unités qui errent au hasard, dans la nuit, sous la mitraille.

Cependant, à l'aube, le bataillon est installé, conformément aux ordres reçus, tenant le front du boyau du Casque à la Tranchée d'Arménie.

La moitié de l'effectif est mis hors de combat, pendant la relève.

A cinq heures quinze, le bombardement redouble de violence et de nombreuses mitrailleuses fouillent les moindres replis du champ de bataille.

A cinq heures trente, tir d'encagement sur la tranchée des Renards, la tranchée des Quatre-Chemins, la tranchée de la Goulette et la tranchée d'Arménie !

Les trois sections de première ligne de la 22me sont tour à tour attaquées, enveloppées par des groupes ennemis, grenadiers, mitrailleurs, lance-flammes, sur trois côtés à la fois.

Le bataillon de droite d'un régiment voisin est enfoncé; les boches s'avancent en rampant, par bonds successifs, par les trous d'obus et les tranchées du Turkestan, de Ninive, d'Arménie, jusqu'à la tranchée de la Goulette.

Les chefs de section, avec un admirable sang-froid, rassemblent les quelques hommes valides, organisent de petits centres de résistance et, tour à tour, sont mis hors de combat sur place, en se défendant héroïquement.

Ainsi tombent le sous-lieutenant Desjardins, la poitrine traversée de deux éclats d'obus, blessé une seconde fois sur le brancard qui l'emporte au poste de secours ; le sous-lieutenant Paillaud, la poitrine trouée par une balle ; le lieutenant Bonfils disparu avec quelques hommes de sa section.

L'officier mitrailleur Siben, installé dans un trou d'obus, fauche les assaillants qui lui lancent des grenades. Trois de ses pièces sont écrasées sous le bombardement ; il lui en reste une seule qu'il sert lui-même, assis sur le trépied, jusqu'à ce qu'il soit atteint par une balle au front.

Le sous-lieutenant Rolandez, mitrailleur, et son adjudant, blessés à leur tour, refusent de se laisser évacuer avant la fin du combat.

Des notes griffonnées à la hâte, couvertes de sang, arrivent au P. C. :

Sous-lieutenant Rolandez à Commandant :

« 7 heures 15. — Suis en batterie ; je flanque pentes ouest de 355. Sous-lieutenant Siben tué ; suis légèrement blessé, ça ira. »

23ᵐᵉ : Lieutenant Chenet à Commandant :

« 8 heures. — L'ennemi s'infiltre à ma droite ; plus de liaison avec Maréchaux. Envoyez une escouade. Demandez artillerie sur 3545-3544 et boyau du Casque. »

8 heures 10. — Capitaine Maréchaux à Commandant :

« Suis à cent mètres ouest de 3845. Régiment de droite enfoncé. Grand trou à droite, aucune liaison. Plus de réserves pour le boucher. Envoyez grenades. »

8 heures 20. — Commandant à Capitaine Julien :

« Rétablissez immédiatement liaison à droite de M... Envoyez section Montagne, y tenir coûte que coûte jusqu'au dernier homme. »

8 heures 35. — Capitaine Julien à Commandant :

« Suis blessé, violemment contusionné, je passe le commandement à Montagne ; Pingeot blessé, un sergent prend le commandement de la section. »

. . . .

A 9 heures, l'ennemi se précipite sur la 23ᵐᵉ avec des mitrailleuses légères et des grenades incendiaires. Les mitrailleurs de la Compagnie sont attaqués et tués. Quelques-uns qui rechargent des bandes dans un abri y sont asphyxiés ou brûlés.

La section Lefèvre, dont le chef est tué en cherchant à dégager quelques-uns de ses hommes ensevelis, tient un barrage que veut enlever l'ennemi : elle perd les trois quarts de son effectif et tous ses gradés.

L'adjudant Barthélemy, un colosse, tient tout seul, pendant six heures, un barrage, à la grenade, et tue dix Boches de sa main.

Le sergent Dumé, entouré, se défend à la grenade, tue ses adversaires et se dégage.

L'aspirant de Graëte tombe grièvement blessé. L'aspirant mitrailleur Depigny disparaît avec sa pièce sous un 210.

Cest alors, à dix heures, un terrible corps-à-corps, d'abord à la grenade, ensuite à la baïonnette.

Avec un courage inouï, les hommes résistent.

A dix heures quinze, les munitions manquent. Ardenne ordonne un mouvement de repli. L'ennemi s'approche. Il est arrêté au P. C. du bataillon où le combat continue, âpre, violent, avec les quelques grenades trouvées à terre, et au fusil. Les officiers luttent au revolver.

La soif dévore les combattants.

A midi, les munitions manquent totalement; on vide les cartouchières des morts. Deux soldats, aux côtés d'Ardenne, défendent les abords du P. C.

Dans un trou, un sergent tire comme au stand, et à chaque coup, tue un des Boches qui s'avancent en rampant. Un caporal mitrailleur, à genou, « descend » au revolver ceux qui s'approchent.

L'ennemi entoure le P. C. sur trois faces, puis s'arrête.... Le combat se ralentit.

A droite, la 22ᵐᵉ est accablée : elle tient héroïquement.

Midi. — Commandant à Colonel :

« L'ennemi a continué sa progression ; il est sur le P. C. J'attends renfort, grenades, cartouches, et V. B. pour contre-attaquer. »

13 heures. — Commandant à Colonel :

« Des munitions, je vous en supplie ! Situation désespérée. J'ai trente hommes autour de moi. Bombardement effroyable. P. C. écrasé ; nous l'abandonnons. »

Beaumont, le fidèle adjudant de bataillon, part avec un agent de liaison, portant un pli au colonel et une lettre pour la famille du Commandant, la dernière, car tous, ils vont mourir là.

14 heures. — Colonel à Commandant :

« J'envoie munitions et artifices. Il faut contre-attaquer à seize heures. (Je dis 16 heures) et reprendre le terrain perdu. »

14 heures 10. — Capitaine Maréchaux à Commandant :

« Le Boche se masse dans la tranchée des Renards. Je n'ai plus ni grenades, ni V. B. ni cartouches. J'ai soixante hommes au plus. »

14 heures 15. — Lieutenant Chenet à Commandant :

« Le boyau du Casque est rempli de Boches ; ils vont sans doute reprendre l'attaque. »

A 14 heures 20, ce mot écrit à 13 heures, arrive au P. C. :

Lieutenant Montagne à Commandant :

« Je viens d'être violemment attaqué à la grenade, mais l'ennemi a échoué. J'ai assuré liaison avec le 4ᵐᵉ bataillon (Cie Baltenveck). J'ai bon flanquement à droite, deux F. M. (fusils-mitrailleurs) ; ça va, mais nous « crevons de soif ».

C'est un enfant de vingt ans qui écrit ce billet !....

14 heures 20. — Commandant à Commandants de Compagnies :

« Malgré le manque de munitions que vous me signalez, il faut tenir sur place, coûte que coûte. Luttez à la baïonnette, tenez ou mourez sur vos emplacements. Attendez mes ordres. Je prépare une contre-attaque pour seize heures. »

14 heures 30. — Commandant à Commandants de Compagnies :

« J'envoie munitions. Me rendre compte de leur arrivée. — Etes-vous sur vos bases de départ ? »

15 heures. — Commandant à Colonel :

« Munitions distribuées en ligne. Les éléments restant du bataillon, deux cents hommes environ, sont prêts pour la contre-attaque. »

15 heures 10. — Commandant à Commandants de Compagnies :

« Contre-attaquez à seize heures (16 h.).

« Préparation d'artillerie de 15 h. 55 à 15 h. 58.

« Axe : 3545-3749.

« Compagnie Maréchaux de direction.

« A 16 heures, deux minutes après la cessa-
« tion de la préparation d'artillerie, tous les
« survivants s'élanceront en hurlant, bondi-
« ront sur l'ennemi. Ils ne s'arrêteront que sur
« les anciennes positions. »

. . . .

A l'heure fixée, la contre-attaque s'élance avec une farouche impétuosité ; l'ennemi est bousculé. Dans la progression, l'aspirant Nicod est grièvement blessé.

Des Boches qui font « Kamarad » sont dépassés ; ils tirent dans le dos des assaillants: c'est le signal du massacre ; les troupiers, exaspérés, furibonds, ne font plus de prisonniers....

A 16 heures 15, les survivants ont repris la totalité du terrain perdu, à l'exception d'un élément de tranchée de trois ou quatre cents mètres.

L'ennemi va-t-il renouveler son attaque cette nuit ? Non, il se contente de « pilonner » la zone de ses gros obus...

Le 15, à dix heures, le bombardement redouble de violence ; l'infanterie allemande débouche de nouveau vers la tranchée d'Arménie, cherchant à prendre à revers la tranchée des Quatre-Chemins. La 21me arrête net l'adversaire dans un furieux combat à la grenade.

La soirée est calme.

Le bataillon, qui ne compte plus que cent vingt fusils, est relevé dans la nuit.

Pendant ces deux rudes journées, les officiers et les soldats ont été admirables d'héroïsme, d'esprit de sacrifice.

Le lendemain, le colonel Jacob, commandant la zone du Bois-le-Chaume, dit dans son ordre du jour :

« Je tiens à remercier très affectueusement
« le commadant Ardenne si éprouvé dès les
« premières heures de son séjour ici, et qui,
« cependant, le quatorze, à seize heures, a
« donné un admirable et héroïque effort. Je
« signale au commandement l'admirable abné-
« gation du bataillon Ardenne.

« *Signé :* Colonel JACOB. »

Comme des tigres

Septembre 1917.

Le Boche ne se console pas des échecs qu'il subit successivement devant la citadelle imprenable. Chaque jour il renouvelle ses assauts coûteux à Beaumont... à Bezonveaux... à 344... etc.

Le 14, il veut reprendre les hauteurs du bois Le Chaume qu'il a perdues le 9. Il se rue sur les lignes françaises avec une impétuosité prodigieuse ; les troupes résistent avec la plus inébranlable ténacité et brisent chaque fois la vague ennemie.

Le 23, le général von Soden, réunissant les officiers qui préparent l'attaque une nouvelle fois, leur dit :

« L'ancienne position allemande doit être « enlevée coûte que coûte, et il faudra s'y « maintenir. La position actuelle n'est pas « tenable sans la hauteur de la Croix de « Vaux. »

Le général von Kühne harangue sa division en ces termes :

« Il est nécessaire de se sacrifier avant « tout ; la hauteur doit être enlevée pour pré- « venir les attaques françaises.... »

Les Boches ne se tiennent pas pour battus aux premiers échecs ; ils renouvellent leurs assauts meurtriers avec persévérance.

Ils veulent réussir ! Qu'importe à leur haut commandement que les pertes soient énormes! « Matériel humain ! »

Le 24, la 78me division allemande attaque : elle est anéantie par les 75, les adroits mitrailleurs, les admirables grenadiers, dont la vaillance est au-dessus de tout éloge.

Les contre-attaques, menées avec une indomptable énergie et immédiatement après l'attaque, déconcertent l'adversaire et jettent le désarroi dans ses rangs. On en arrive au corps-à-corps, on se bat à la baïonnette, au couteau, à coups de crosses.

Grâce à la magnifique résisitance de la division, l'ennemi subit l'échec le plus complet et ses pertes sont énormes.

Le lieutenant Baldermann, commandant une compagnie de « stoss-truppen », fait prisonnier, s'exprime en ces termes :

« On nous avait annoncé une division de travailleurs, et ils nous ont contre-attaqués comme des tigres !...

Depuis ce jour, le fanion de l'infanterie de la division est orné d'un tigre, et le drapeau du régiment porte la Croix de guerre avec palme.

UNE PAGE DE GLOIRE

Les Instituteurs du 320ème à Verdun

Ce document tombé sur ma table de travail m'éblouit. Je chercherais en vain ce qui me vaut l'émouvant honneur de recevoir confidence de ces rayons.

Mais cette gloire ne doit pas être confidentielle. Elle est leçon, exemple, témoignage.

Ce n'est pourtant que l'épopée de treize jours de combat, treize jours dans une guerre de déjà plus de trois années ; et ils ne sont là que vingt-deux des nôtres, alors que notre Livre d'Or a dénombré par centaines nos héros.

Mais jamais peut-être on n'a vu plus serrée pareille gerbe de gloire. Le 320me régiment d'infanterie, qui prend, le 14 septembre 1917, son poste de combat devant Verdun, comptait vingt-six instituteurs. Lorsqu'il descendra, le 27 septembre, du secteur infernal, vingt-deux auront inscrit leurs noms au Livre de l'honneur et du sacrifice. Ils sont vingt-deux instituteurs, qui, du chef de bataillon au soldat de 2me classe, ont subi fraternellement la grande épreuve, comme les preux de nos antiques épopées.

Quand j'aurai dit que le glorieux régiment est commandé par le colonel Malapert, dont la bravoure légendaire illustre un des beaux noms de l'Université, j'aurai peut-être achevé de mettre le tableau dans son jour.

Et il ne reste plus qu'à contempler :

Ordre général N° 958.

Le général commandant la 2me armée cite à l'ordre de l'Armée : *Le 320me Régiment d'Infanterie* :

« Sous les ordres du colonel MALAPERT, chef
« de corps animé des plus beaux sentiments
« de justice, de bravoure et de devoir, a bril-
« lamment repoussé, le 24 septembre 1917,
« une violente attaque d'un ennemi de beau-
« coup supérieur en nombre. A fait subir des
« pertes importantes à l'adversaire, a fait des
« prisonniers, et, avec une élite de braves, a,
« dans des conditions particulièrement diffi-
« ciles, maintenu intégralement ses positions. »

Signé : GUILLAUMAT.

Instituteurs tués :

BRIGOO (Louis - Hector), capitaine à la 19me compagnie du 320me régt. d'infanterie, tué le 24 septembre 1917 :

« Officier de valeur morale et d'un courage à toute épreuve, tué le 24 septembre 1917, au cours d'une violente attaque ennemie, au moment, où il cherchait à se mettre en liaison avec le P.C. du bataillon, cerné par l'ennemi.» Déja blessé et cité (Citation à l'ordre du 32me corps d'armée, N° 659/A).

LEFÈVRE (Auguste), sous-lieutenant à la 23me compagnie du 320me régiment d'infanterie, tué le 13 septembre 1917.

TONNELIER (Ulysse), caporal-fourrier à la 19me compagnie du 320me régiment d'infanterie, tué le 24 septembre 1917.

Instituteurs blessés :

FLAN (Henri), capitaine à la 17me compagnie du 320me régt. d'infanterie, blessé le 13 septembre 1917. Proposé pour chevalier de la Légion d'Honneur.

SEVIN (Simon-Ernest), sous-lieutenant à la 18me compagnie du 320me régiment d'infant. :

« Très bon officier, très courageux, ayant toujours fait preuve d'un grand sang-froid. A été grièvement blessé au cours d'une reconnaissance périlleuse dans la nuit du 13 au 14 septembre 1917. Déjà cité. » (Citation a l'ordre de la 52me Division N° 163.)

ROLLET (Jean - Baptiste), sergent à la 19me compagnie du 320me régt. d'infanterie, blessé le 24 septembre 1917 :

« Etant cerné au cours d'une violente attaque ennemie, a rallié les hommes restant autour de lui, s'est fait une trouée dans les rangs des assaillants pour se joindre à un groupe voisin. Grièvement blessé au cours de la contre - attaque. » (Citation à l'ordre du 32me Corps d'Armée, N° 659/A.)

PICARD (Marcel), sergent à la compagnie de mitrailleuses du 320me régiment d'infanterie, blessé le 22 septembre 1917 :

« Très bon sous-officier mitrailleur, ayant beaucoup d'entrain et de bravoure. A été blessé à son poste de combat le 22 septembre 1917. » (Citation à l'ordre de la 52me D. I. N° 109.)

Instituteurs disparus.

VARLET (Louis), adjudant à la compagnie de mitrailleurs du 320me régiment d'infanterie, disparu le 24 septembre 1917.

VIGNOL (Henri), sergent à la 23me compagnie du 320me régiment d'infanterie, disparu le 14 septembre 1917.

ALLARD (Marcel), sergent à la 22me compagnie du 320me régiment d'infanterie, disparu le 14 septembre 1917.

Instituteurs cités.

BIENFAIT (Pierre-Hubert-Valmyre), chef de bataillon au 320me régiment d'infanterie (armée active), chevalier de la Légion d'honneur, quatre citations, trois blessures. Proposé pour officier de la Légion d'honneur: « Violemment attaqué par des forces très supérieures, le 14 septembre 1917, au cours d'une relève dans un secteur de combat bouleversé, a rallié les débris de son bataillon et l'a entraîné à la contre-attaque. A réussi à reprendre à l'ennemi une partie de ses positions sur lesquelles il s'était établi. » (Citation à l'ordre de l'Armée, N° 932, 2me Armée.)

GILBERT (Claude-Marius), sous-lieutenant à la 14me Compagnie du 320me régiment d'infanterie, promu lieutenant (armée active). Ordre du régiment N° 362 (*Journal officiel* du 24 octobre) : « A brillamment commandé sa section au cours de la contre-attaque du 14 septembre 1917. S'est de nouveau distingué le 24 septembre en combattant de sa personne et en défendant plusieurs heures, avec quelques hommes la tranchée qu'il gardait, violemment attaquée par l'ennemi. Déjà deux fois cité. » (Citation à l'ordre du 32me C. A. N° 633/A.)

BERCE (Pierre), sous-lieutenant à la 23me compagnie du 320me régiment d'infanterie : « Officier d'une énergie et d'un dévouement remarquables. Chargé d'assurer le ravitaillement en munitions, du 14 au 27 septembre 1917, dans un secteur de combat, s'est dépensé sans compter de jour et de nuit, malgré les bombardements auxquels était soumise la zone dans laquelle il opérait. Déjà cité deux fois. » (Citation à l'ordre de la 52me Division N° 163.)

ROCHE (Pierre), sous-lieutenant à la C. H. R. du 320me régiment d'infanterie : « Officier de renseignement, sur le front depuis le début de la campagne, a toujours fait preuve d'un dévouement absolu. Du 14 au 27 septembre 1917, dans un secteur de combat, a assuré son service avec le plus grand zèle et a effectué des reconnaissances périlleuses en 1re ligne dans des moments critiques. » (Citation à l'ordre de la 52me D. I. N° 109.)

BEAUMONT (Aimé), adjudant de bataillon au 320me régiment d'infanterie : « Sous-officier calme, plein de sang-froid. Sur le front depuis le début de la campagne. Le 14 septembre 1917, alors que le poste de commandement du chef de bataillon était sérieusement attaqué et presque entouré, a traversé une zone très violemment battue pour accomplir une mission de liaison. (Citation à l'ordre de la 52me D. I. N° 163.)

BELPERCHE (Albert), adjudant à la 14me compagnie du 320me régiment d'infanterie : « Très bon sous-officier. A fait preuve d'un grand courage pendant toutes les opérations qu'a effectuées la compagnie du 14 au 25 septembre 1917. S'est fait remarquer constamment par sa belle tenue au feu. » (Citation à l'ordre de la 52me D. I. N° 109.)

FOURNET (Hilaire), sergent à la compagnie de mitrailleurs du 320me régiment d'infanterie, promu adjudant (tué en octobre) : « Chef de section de mitrailleuses brave et énergique. A su maintenir sa section en ordre sous la ruée ennemie. Refoulé, a participé avec ses pièces à la contre-attaque du 24 septembre 1917, contribuant largement à sa réussite. » (Citation à l'ordre du 32me corps d'armée, N° 659.)

LOIRE (Charles), sergent-fourrier à la 13me compagnie du 320me régiment d'infanterie, promu sous-lieutenant de réserve, ordre du régiment N° 360 : « Sous-officier de grande valeur, brave et dévoué. Au cours de l'attaque ennemie du 14 septembre 1917, a fait preuve d'une bravoure, d'une endurance et d'un sang-froid remarquables. A donné à son chef de section le concours le plus précieux. » (Citation à l'ordre de la 52me D. I. N° 163.)

ARSAC (Jean), sergent à la compagnie de mitrailleuses du 320me régiment d'infanterie, promu adjudant à la Compagnie de mitrailleuses, le 10 octobre 1917. « Sous-officier chef de section plein d'entrain et de dévouement.

Tous les officiers de la compagnie ayant été tués ou blessés, a commandé la compagnie avec autorité. A effectué avec intelligence et dévouement des reconaissances périlleuses. » (Citation à l'ordre de la 52me D. I. N° 109.)

Rousseau (Paul), sergent à la compagnie de mitrailleuses du 320me régiment d'infanterie : « Excellent sous-officier mitrailleur possédant le plus grand sang-froid. Le 14 septembre 1917, sa section ayant été débordée par l'ennemi, a rassemblé ce qui lui restait d'hommes valides et a combattu au mousqueton. » (Citation à l'ordre de la 52me D. I. N° 109.)

Gris (Marcel), sergent à la 19me compagnie du 320me régiment d'infanterie : « Sous-officier énergique et brave. Une violente attaque ennemie ayant pris pied dans nos lignes le 24 septembre 1917, a entraîné de sa propre initiative les hommes qui lui restaient à une farouche contre-attaque. » (Citation à l'ordre de la 52me D. I. N° 109.)

Périé (Louis), soldat de 2me classe à la compagnie de mitrailleuses du 320me régiment d'infanterie : « A fait preuve de sang-froid et de courage, le 23 septembre 1917, en procédant au dégagement de quatre de ses camarades enterrés par un obus de gros calibre. » (Citation à l'ordre de la 52me D. I. N° 109.)

Marc-Antoine, caporal d'un sang-froid, d'une bravoure incroyables. A ravitaillé sa compagnie avec le plus grand calme, le plus grand mépris du danger, sous les plus violents bombardements. Légendaire au régiment pour son audace. »

. . . .

...Et maintenant, qui trouverait des paroles ? Il n'y a qu'à admirer, qu'à aimer, éperdument.

Edmond BLANGUERNON,
Inspecteur d'Académie.

(Extrait du « Manuel général de l'Instruction primaire. »)

Le Sous-Lieutenant Siben

14 septembre 1917.

Alsacien, de Colmar, le sous-lieutenant Pierre Siben avait vingt ans et servait comme officier mitrailleur au bataillon Ardenne.

Engagé volontaire, énergique, plein d'entrain, d'un moral très élevé, il avait, en montant à « l'infernal secteur » de Verdun, le désir de venger son jeune frère tué l'an dernier devant Souville...

Le 14 septembre, il reçoit l'ordre de soutenir, avec sa section, la 22me compagnie et de défendre la cote 355, dans le secteur du Bois-le-Chaume.

Au petit jour, attaqué par des forces très supérieures, la Compagnie, après avoir subi un bombardement de plusieurs heures et perdu les quatre-cinquièmes de son effectif, cède le terrain pour échapper à l'encerclement.

La section Siben a beaucoup souffert déjà ;
une pièce est broyée, et les servants en sont
tués.

Le jeune officier n'a pas perdu son calme,
et, sous le formidable ouragan d'acier qui bouleverse, écrase, pilonne le secteur du bataillon,
il garde son inaltérable bonne humeur.

Cette préparation d'artillerie fait pressentir
un nouvel assaut.

Dissimulé dans un profond entonnoir, aidé
de l'adjudant Harriver et du sergent Rousseau,
Siben prépare la seule pièce qui lui reste, la
caresse comme une amie, et brusquement, sur
une plate-forme improvisée, met en batterie....
attendant l'assaut qui va sûrement se déclan-
cher, car l'artillerie ennemie vient d'allonger
son tir....

— « Mon lieutenant, les voici ! »

Tête basse, en ligne, une vague prussienne,
en effet, bondit, revolvers ou grenades en main.

Assis sur le trépied, tête nue, ses beaux cheveux au vent, les yeux en feu, la poitrine
ouverte, Siben sert lui-même sa pièce, vise et
tire, en riant aux éclats, criant :

« Regardez comme je les fauche ! Voyez
comme ça dégringole ! »

Les effets de son tir foudroyant arrêtent net
l'assaillant qui s'enfuit en hurlant. De nombreux cadavres gisent sur le sol ; des blessés
rampent pour s'abriter dans les trous d'obus,
implorant du secours.

Une nouvelle vague qui s'élance subit le
même échec.

On vit alors ce spectacle inouï d'une infanterie d'élite, choisie spécialement pour cet assaut, entraînée plusieurs fois pour cette attaque, hésiter devant une mitrailleuse servie par trois hommes seulement et demander une nouvelle préparation. d'artillerie avant d'oser reprendre son mouvement.

Cette fois, le pilonnage est effrayant ; les obus de tous calibres, jusqu'aux marmites de 210 tombent autour de ces trois braves qui n'ont pas bougé de leur coin.

Miraculeusement, ils échappent à la mort et accueillent avec le même courage une nouvelle tentative de l'ennemi.

Inondé de sueur, le vaillant officier prend à peine le temps d'essuyer son front noir de poudre et de boue et, vivement, boit à longs traits, les quelques gorgées d'eau que contient encore sa gourde.

Maintenant, l'ennemi manœuvre ; sur la droite, plusieurs hommes s'infiltrent, sautant de trous d'obus en trous d'obus, armés de mitrailleuses légères, tandis que sur le front quelques coups de feu énervent les défenseurs.

Siben a vu le danger, y fait crânement face, et tire sur chaque tête qui se lève.

La progression ennemie s'accentue, gagnant toujours sur la droite, essayant l'encerclement ; le feu devient plus violent, les balles sifflent nombreuses, claquant autour du groupe, soulevant chaque fois un léger flocon de poussière...

Tout à coup, le sous-lieutenant Siben s'affaisse sur sa pièce. Un mince filet de sang coule de son front.

Harrivet bondit pour le secourir ; mais rien à faire, l'officier meurt en murmurant doucement : « Vive la France ! »

Au même instant, les Boches s'élancent, les deux sous-officiers se replient précipitamment...

Une contre-attaque hardie, menée avec un entrain endiablé, permet au commandant Ardenne de dégager le corps du sublime enfant et de reprendre le terrain.

Le soir, sous le bombardement, à la lueur des fusées, les honneurs sont rendus à ce jeune héros...

Le 14 septembre, la pièce sauvée après cette rude lutte, est baptisée : « Siben » en souvenir de son jeune chef, tombé si glorieusement à vingt ans...

Aussitôt, on apprend la mort héroïque de son cousin, sous-lieutenant GOUZY, tué comme lui, à vingt ans.

Le Sous-Lieutenant Lefebvre

Instituteur-adjoint du Pas-de-Calais, LEFEBVRE n'avait guère que vingt ans au jour de la mobilisation. Nature énergique, caractère droit, d'un moral très élevé, il sut se faire remarquer dès les premiers combats, pendant les assauts meurtriers de l'Argonne, et fut nommé aspirant au 6me bataillon.

— « Encore un instituteur ! Je crois que le régiment les collectionne, mon cher Ardenne. »

— « C'est un peu partout la même chose, et j'en suis fier », reprend Ardenne avec un peu d'orgueil....

Le commandant a-t-il besoin d'un volontaire pour une mission périlleuse, pour une patrouille hardie, pour un coup de main, pour diriger un groupe franc ?...

Lefebvre est là !...

Plusieurs fois, il se distingue par son audace au cours de ses reconnaissances dans les rochers et les broussailles des pentes de Judenhut, au pied du ballon de Guebwiller, en Alsace, où il est cité à l'ordre de la division avec le motif suivant :

« Officier brave et énergique. Chef du groupe franc d'un bataillon, a dirigé depuis deux mois de nombreuses reconnaissances contre les lignes allemandes et a été plusieurs fois aux prises avec des patrouilles ennemies qu'il a toujours repoussées. Le 11 novembre 1916, a effectué une reconnaissance dans la partie la plus délicate du secteur et a eu un engagement violent avec un détachement à qui il a fait subir des pertes. A été deux fois blessé au cours de la campagne. » (Ordre de la division, novembre 1916.)

Il est sous-lieutenant en septembre 1917, et commande une section au combat du Bois-le-Chaume...

Très éprouvée par un violent bombardement qui a bouleversé tous les boyaux et crevé tous les abris, la section Lefebvre est réduite à une quinzaine d'hommes. Ils ont cherché une illusoire protection contre les éclats dans un gourbi abandonné dont les entrées éboulées sont garnies de cadavres en décomposition ; le chef de section a trouvé place dans une cagna voisine, avec deux agents de liaison....

Depuis huit jours, dans cet épouvantable coin, le bombardement fait rage avec une violence soutenue et s'accentue encore quand une reconnaissance d'avions a signalé l'arrivée de réserves, sur le boyau des Caurières et la tranchée de Ferrucci.

La montée du bataillon a été aperçue et les deux premières compagnies qui ont passé déjà le ravin de l'Hermitage, sont littéralement pilonnées.

Ce n'est plus avec des 77 ou des 88 que l'ennemi prépare le terrain à ses troupes d'assaut, mais avec des 150, des 210 sur les positions de soutien et des minens de tous calibres sur les premières lignes.

Un « gros noir » écrase une escouade ; autour de Lefebvre, tout craque, explose, voltige, et, impossible de faire un pas car les fusants qui éclatent bas et les mitrailleurs d'avions qui survolent la zone à moins de deux cents mètres, fouillent les moindres replis du terrain...

Tout à coup, une salve de 210 ébranle le sol ; l'abri de la section Lefebvre s'effondre et engloutit les occupants.

Le lieutenant entend des cris, et, malgré le danger, sans aucune espèce d'hésitation, s'avance en rampant au secours de sa troupe.

Les deux ouvertures du gourbi se sont aplaties et les hommes sont murés au fond du trou noir d'où partent des appels et des plaintes.

Un sifflement sinistre annonce une nouvelle salve ; quatre obus s'abattent sur la même ligne....

On cherche en vain ; le sous-lieutenant Lefebvre a disparu dans la formidable explosion, victime de son dévouement.

— « Combien sa jeune femme, sa mignonne petite fille, ses collègues du Pas-de-Calais ont lieu d'être fiers de lui », pense Ardenne qui perd lui aussi, non seulement un brave officier, mais un excellent camarade.

. . . .

Le colonel a voulu donner en exemple cette mort glorieuse, par cette belle citation que le commandant Ardenne, si la mort ne vient pas l'enlever lui-même au cours de cette guerre, se promet de lire plus tard aux élèves de Lefebvre.

« Officier brave et d'un moral très élevé. Toujours volontaire pour les patrouilles. Est tombé glorieusement le 13 septembre 1917, en se portant, sous un bombardement violent, au secours de plusieurs hommes de sa section qui venaient d'être ensevelis. » (Ordre de la division, mars 1918.)

Mahamadou Diara

MAHAMADOU DIARA est un agent de liaison, guide au P. C. du bataillon.

C'est la relève ; il va accompagner un lieutenant d'infanterie pour assurer la liaison à gauche avec des tirailleurs.

Dans la nuit, sa haute silhouette glisse, rampe, bondit parmi l'inextricable fouillis de fils de fer barbelés et de chevaux de frise mille fois bouleversés.

Il ne porte d'autre arme qu'un pistolet automatique, un énorme gourdin suspendu au poignet droit par une lanière de cuir.

Ses yeux de lynx brillent dans l'obscurité, surtout lorsque, immobile, aux aguets, il s'apprête à faire un nouveau bond.

L'officier le suit avec un grenadier.

Sans interruption, les fusées inondent le ciel noir, perçant l'ombre, éclairant le petit groupe.

Tout à coup, à gauche, les balles sifflent ; des mitrailleurs boches ont pu franchir la ligne des sentinelles et s'installer aux abords d'un poste.

Le grenadier est tué, l'officier blessé au ventre.

Quant au guide, brusquement il disparaît....

La matraque aux dents, il se faufile légèrement, silencieusement, et par un large mouvement tournant, se porte sur les derrières des mitrailleurs qui ne perçoivent aucun bruit.

D'un saut prodigieux, tel un tigre fondant sur sa proie, il tombe dans l'entonnoir, le bâton noueux tournoie, cingle, frappe deux fois, mettant deux crânes en bouillie...

Mahamadou, le plus tranquillement du monde fouille les morts, enlève la mitrailleuse, puis revient vers le chef. Mais ce dernier n'est plus là... se croyant abandonné, il a essayé de rebrousser chemin...

Le tirailleur palpe la terre, reconnaît une mare de sang, cherche la traînée laissée par le blessé, observe les moindres traces et finit par découvrir le lieutenant, mourant, dans un trou d'obus...

Prestement, il le charge sur son dos, le ramène au poste de secours... sans toutefois abandonner la pièce capturée...

Cette fois, Mahamadou Diara sera caporal, recevra une nouvelle étoile, une palme probablement à sa Croix de guerre, et certainement il ne retournera pas aux champs de Dienné sans la belle médaille au ruban jaune bordé de vert qui est sa plus grande ambition.

Brûlures par l'ypérite

26 septembre 1917.

Quel soulagement pour tous, l'ordre de relève est enfin venu.

Le 26, le chef de bataillon Ardenne quitte la zone terrible où il laisse tant de glorieux morts ; il est seul, avec le capitaine Vélain et une ordonnance ; le bataillon est parti la veille, dans la nuit.

— « Hélas ! deux cents hommes au maximum restent des quatre compagnies ! »

Le petit groupe suit prestement le long boyau des Caurières, franchit au pas de course le ravin de l'Hermitage, enjambant les cadavres à demi enfouis dans la boue, et s'éloigne par l'interminable boyau Loumède, vers Douaumont et Verdun.

— « Ça sent l'ypérite, mettons les masques », dit Vélain.

En effet, une odeur forte et caractéristique de moutarde incommode sérieusement, aux environs du Helly, P.C. du général de division; il faut absolument suivre les conseils du capitaine !

D'ailleurs, d'autres obus à gaz tombent continuellement pour saturer les points de passage et en rendre le franchissement plus difficile. L'un d'eux éclate tout près du commandant qui est éclaboussé par le liquide...

Enfin, voici la route de Souville, le célèbre carrefour de la Chapelle Sainte-Fine ; partout, dans ce vaste champ de mort, des cadavres d'hommes et de chevaux, des flaques de sang, des canons démontés aux affûts brisés, des caissons éventrés, des camions balancés dans des caniveaux d'où ils n'ont pu sortir, ou couchés sur les talus...

. . . .

— « Dis, vieux, donne-nous de l'eau, on crève de soif et j'ai avalé de l'ypérite », crie Ardenne à une ombre qui bouge.

Zut ! c'est un colonel d'artillerie. On s'excuse, mais le colonel Mariaux de l'A. D. s'empresse auprès des rescapés qu'il croyait morts et les réconforte à sa popote.

— « Merci, mon colonel, et au revoir ! »

. . . .

Le bataillon est maintenant au repos aux environs de Bar-le-Duc. Le commandant qui, jusqu'alors, n'avait pas pris garde aux vapeurs d'ypérite, voit peu à peu apparaître sur ses mains, sous les bras, aux jambes, au ventre, de vives rougeurs aux démangeaisons insupportables ; ses yeux endoloris pleurent et les paupières se gonflent : ce sont les brûlures par gaz qui produisent leurs funestes effets.

La main gauche surtout est sérieusement atteinte et nécessitera peut-être l'évacuation du chef de bataillon auprès d'un chirurgien spécialiste, car la plaie présente certains des caractères de la gangrène sèche, ce qui inquiète le médecin-major du bataillon....

Mais des soins énergiques et particulièrement de fréquents lavages assurent une amélioration rapide et la guérison au bout de quelques semaines.

Ardenne se félicite d'avoir échappé une fois encore au massacre de Verdun, mais. il pleure ses amis, Muzy, du 45me, Brigod, Lefebvre, Siben, Gouzy, Tonnelier et tant d'autres.

Un bel exploit

Le 6me bataillon va relever à la cote 344. C'est toujours le même spectacle, les mêmes ruines, la même horreur.... C'est le « secteur infernal ».

Au croisement de la route de Verdun à Stenay, et du chemin de fer de Louvemont à la Meuse, voici Bras.... un tas de décombres !....

Là-bas, sur le chemin de terre qui grimpe aux batteries de la Côte du Poivre, un train catastrophé.... car ce chemin est une ancienne voie ferrée : de temps à autre, un bout de rail sort du bourbier et s'allonge en tire-bouchon ; par ci, par là, une traverse émerge....

Ce train a une histoire que la troupe, descendant des lignes, raconte à la garnison qui monte, comme pour lui passer en consigne l'admirable dévouement des devanciers....

La voici.

« Le Boche, furieusement, attaquait Bras, chevauchant sur la voie ferrée. Peu à peu, il s'infiltre jusqu'aux lisières nord du village dont les défenseurs se replient, accablés sous le nombre.

« Tout à coup, une rame de wagons arrive du sud, à toute vitesse, sans machine...

« Ce ne peut être qu'un train de ravitaillement à la dérive ! Toutes les portes sont fermées, aucun signe de vie ! Bonne aubaine ! pense le Boche, qui, sans tirer, laisse passer ce convoi chargé de vivres !

Cependant qu'en arrière des lignes ennemies, le train ennemi s'arrête, ensemble toutes les portières glissent.

« Stupéfait, interdit, cloué sur place, l'ennemi, au lieu des vivres qu'il escomptait déjà, voit bondir un bataillon de zouaves, farouches, hurlant de formidables hurrahs.

« Le Boche, saisi d'une pareille audace, est d'abord hésitant ; mais bientôt commence un terrible corps-à-corps....

« Que peut faire le lourd Prussien, lent à se remettre de sa surprise, contre les baïonnettes et les crosses des agiles soldats d'Afrique ?....

« Il est assommé, fixé au sol ou fait captif.

« Cette poignée de braves a dégagé le village !

AUTOUR DE SAINT-MIHIEL

Avec les coloniaux

Octobre 1917.

Devant Saint-Mihiel, le secteur est calme ;
le régiment occupe les bois d'Ailly et de la
Croix-Saint-Jean, sous le commandement du
général Marchand de la division coloniale qui
vient de relever la D. I., il y a quelques
semaines au Bois des Caurières, à Verdun.

Ce n'est pas sans appréhension que le
commandant Ardenne se sent sous un tel
commandement. Quelle figure va faire son
bataillon à côté des troupes d'élite qui se sont
couvertes de gloire dans maints combats ! Les
réservistes pourront-ils soutenir la comparaison
avec cette division de choc ?

. . ..

Si le secteur est peu agité, en revanche,
les coups de mains s'y succèdent sans interruption ; les bombardements y sont violents ;
les torpillages fréquents et meurtriers.

Tranchées, boyaux et défenses accessoires
sont en mauvais état, les cagnas mal aména-
gées, remplies d'eau et peuplées de « totos ».
C'est la vie dans la boue, sans protection
sérieuse, avec une surveillance difficile.

Du camp des Romains, l'ennemi plonge
dans les lignes françaises où pas un mouvement n'est inaperçu ; il guette les postes, surveille les sentinelles.

Malgré les difficultés nombreuses, chaque
soir plusieurs équipes s'enfoncent dans la nuit,

entre les lignes, pour poser les fils de fer barbelés, travaillant sans relâche, se couchant dans la boue ou les broussailles mouillées quand les fusées éclairent le terrain.

Les patrouilles circulent et font de périlleuses reconnaissances. Un jeune aspirant, en plein jour, rampe dans les lignes boches, blesse une sentinelle, ramène un guetteur ; une autre fois, aidé d'un patrouilleur, il attaque un abri ennemi de demi-section et tue les occupants à la grenade.

L'adjudant de la 21me va cueillir une sentinelle ennemie mourant entre les lignes et chaque jour, avec la même persévérance, essaie de capturer des Boches et renouvelle ses embuscades.

Plusieurs fois, l'ennemi attaque les petits postes, mais il est chaque fois repoussé, laissant des cadavres entre les lignes.

Un incident comique apporte un peu de gaieté dans le bataillon : une corvée de soupe, quatre hommes et un « gefreiter », s'amène au réseau français par erreur. Naturellement, elle est accueillie à coups de fusils et s'enfuit en abandonnant un prisonnier et un tué.

Des bombardements par obus à gaz gênent considérablement les communications et causent des pertes parfois sévères chez les imprudents qui circulent sans masques dans les ravins.

Au régiment les mesures de précaution les plus rigoureuses sont prises et les accidents heureusement rares....

Ardenne travaille avec ardeur à l'amélioration de la défense et à l'augmentation du
confortable pour ses troupiers.... Le voici sur
la parallèle de soutien, piquetant de nouveaux
abris....

— « Mon commandant, on vous demande au
P. C. ; c'est un général. »

— « J'y vais », répond Ardenne.

. . . .

— « Général Marchand !

« Voulez-vous m'exposer en quelques mots
l'organisation de votre secteur ? »

— « Oui, mon général ! »

Et le commandant donne les explications
demandées en faisant le tour des lignes et des
postes les plus avancées avec le « divisionnaire » qui se dresse au-dessus des parapets
avec une crânerie qui fait l'admiration des
« poilus ».

— « Vous êtes instituteur, dit brusquement
le général, se tournant vers Ardenne ? Vous
avez un secteur parfaitement organisé, un
excellent bataillon, je suis content de vous féli-
citer, c'est bien ! »

« Mes troupiers sont si dévoués ! Ils me
donnent toute satisfaction », reprend le
commandant ému et fier de recevoir ces éloges
de celui qu'il admire tant depuis son expédition à travers l'Afrique.

. . . .

Un torpillage éclate, violent.
— « C'est sur la « Tête à Vache », mon,
commandant. »

— « Allons-y, mon vieux Besnard, en avant ! »

Du sentier de Jaulny, vers les crapouillots, Ardenne et son fidèle agent de liaison observent les explosions terribles ; le sol tremble ; les madriers et les tôles ondulées voltigent dans les noirs éclatements. Une rafale de balles de mitrailleuses obligent les deux observateurs à descendre dans un boyau ; un obus éclate à quelques mètres ; de gros « minens » tombent à gauche, vers les mitrailleuses de Fournet ; un tir d'encagement encadre la zone de la « Tête à Vache ».

— Ça y est ! C'est le coup de main prévu ! »

— « Oui, rentrons, Besnard, vérifiez vos liaisons. »

. . . .

Dix heures. — Le coup de main a raté ; les coloniaux et les fantassins ont cloué le Boche dans sa parallèle de départ. Malheureusement, Fournet, le brave de Verdun, instituteur de la Somme, vient d'être écrasé sur sa pièce...

Fin décembre, le régiment quitte la division, salué au départ par cette belle lettre du général commandant le secteur :

« Au Quartier général, de 12 janvier 1918.

« Le général de division Marchand, « commandant la N^me division coloniale au « colonel commandant le 320me régiment d'in- « fanterie :

« Au moment où le 320me R. I. quitte le « secteur de la division coloniale, je tiens à « exprimer à son chef, le colonel Malapert,

« toute la satisfaction que m'a donnée pendant
« près de deux mois ce beau Régiment où les
« meilleures traditions sont conservées jalouse-
« ment : entrain, ardeur au travail, discipline,
« rien ne lui manque de ce qui est un élément
« de confiance dans l'avenir, quelles que soient
« les difficultés à surmonter.

« Je serais heureux que vous fassiez part
« à tout le personnel sous vos ordres de l'ex-
« cellent souvenir que je garde du 320me régi-
« ment ; j'avais d'ailleurs eu l'occasion de
« l'admirer déjà au Bois-le-Chaume le 24 sep-
« tembre 1917.

« *Signé :* Général MARCHAND. »

. . . . :. . .

Mériter l'admiration de Marchand, du héros
de Bahr-el-Gazal, de Fachoda, ça compte...

Coup de main à l'Harpe

13 mars 1918.

Le bastion de l'Harpe qui s'avance entre le
saillant des Mélèzes et le ravin de Seuzey est
violemment marmité depuis deux jours ; les
minens et les petites bombes à ailettes appe-
lées « pigeons » s'abattent sans interruption sur
les tranchées en deux points des réseaux où
l'ennemi, certainement, cherche à pratiquer une
brèche.

C'est le prélude d'un coup de main.

Le commandant a pris ses précautions ; l'artillerie est prévenue.

Veillez au grain, sentinelles !

Le 30, à quatre heures, alors que le chef de bataillon, en tournée dans le secteur, inspecte les secondes positions dans le ravin de Seuzey, le bombardement par obus toxiques et par explosifs se déclanche sur les batteries, en même temps que les premières et secondes lignes sont écrasées sous les minens de tous calibres.

La garnison de première ligne et les guetteurs se replient immédiatement sur la tranchée de soutien.

A quatre heures dix, le tir sur les positions avancées s'arrête, tandis que les obus encagent une zone dans laquelle les assaillants sautent pour enlever les prisonniers.... Personne !... La position a été évacuée à temps, conformément aux ordres donnés.

Dès l'assaut, le lieutenant commandant la compagnie a demandé le tir de barrage. Aussitôt, les 75 sifflent, passant rapides, dans les branches, inondant la plaine d'une pluie d'acier.

Malgré l'emploi de lance-flammes fouillant les abris de leurs jets de feu, l'attaque a échoué. Le Boche, précipitamment, se replie.

Alors les grenades voltigent, la fusillade crépite ; les mitrailleuses accompagnent les canons de barrage, et l'assaillant, décimé, s'enfuit en hurlant, laissant bien des morts dans la plaine.

Dans le bataillon, les pertes sont presque nulles ; mais de nombreux troupiers sont intoxiqués par l'ypérite, quelques-uns sérieusement brûlés.

Les yeux rouges, les paupières gonflées, les malheureux ne voient plus ; leurs souffrances sont atroces et leur évacuation est nécessaire. Les compagnies Dalbouze et Négroni, les mitrailleurs de Fournier ont beaucoup souffert, le brave lieutenant Berce, instituteur de la Meurthe-et-Moselle, est tué. C'est une perte cruelle ; quant aux autres, rien de grave ; ils nous reviendront après quinze jours d'hôpital !

Les braves poilus peuvent être fiers ; leur sacrifice n'a pas été inutile et le Boche se souviendra de la réception.

Riposte américaine

Mars 1918.

Au nord de Saint-Mihiel, le bataillon occupe maintenant le secteur de Spada-Lamorville. Des troupes américaines intercalent leurs compagnies entre des unités françaises et se préparent aux attaques futures.

Par une nuit froide de mars 1918, l'ennemi, accroché aux solides positions de la côte Sainte-Marie, veut tâter un peu le terrain et surtout se rendre compte de la valeur combative de ses nouveaux adversaires.

Fort d'un bataillon environ, il s'avance sans bruit contre le réseau, lance quelques patrouilles dans les tranchées américaines, égorge des sentinelles et jette un moment le

désarroi en criant : « Alerte aux gaz !....
alerte !... alerte...!... camarades français !... C'est
la relève !... »

Un moment surprises, les troupes Yankees
sortent de leurs gourbis, posent leurs armes
contre les parapets ou les tiennent entre leurs
genoux, ajustent avec rapidité le masque protecteur.

Les Boches, profitant de cette lâche ruse de
guerre, assomment à coups de crosse, clouent à
la baïonnette les défenseurs du secteur.

Cependant, ceux-ci se ressaisissent vite et
crient à la trahison. C'est alors une lutte infernale dans les tranchées et les boyaux, tandis
que l'artillerie allemande bombarde furieusement, avec des obus à gaz, les arrières et les
secteurs voisins. A l'aide de grenades, à coups
de rondins, avec de larges coutelas, les troupes
américaines se défendent, reprennent vite le
dessus, et dans un corps-à-corps atroce qui dure
de minuit à quatre heures du matin, massa-
crent les fourbes agresseurs.

Beaucoup de ceux-ci lèvent les bras, s'age-
nouillent en criant : « Kamarad ! »

— « Trop tard ! Pas de quartier ! » répondent les Américains qui tuent. Excellente
mesure de précaution, d'ailleurs ; l'expérience
de la guerre de tranchées a maintes fois montré
qu'il ne fallait jamais laisser un ennemi derrière soi.

La poursuite dans les boyaux est cruelle ;
des Boches s'enfuient en hurlant. Au croisement des lignes, dans les culs-de-sac, au fond
des gourbis, ils sont hachés. L'un d'eux tombe

dans une feuillée : il y est enfoncé à coups de matraque par un soldat furieux d'être trahi.

Au matin, tout est fini. De nombreux cadavres jonchent le sol ; des prisonniers restent dans les lignes, tandis que d'autres assaillants s'enfuient, épouvantés, vers leur base de départ.

Ils vont raconter aux autres la rude réception américaine, sans doute...

Retour au village

Enfin ! Ardenne reçoit sa permission, délivrée par le général commandant la ...me Armée. Il partira demain à la première heure pour revoir son village....

A Soissons, des officiers américains, très obligeamment lui offrent une place en automobile.

Voici Terny. La plupart des maisons sont en ruines ; l'école a disparu : un tas de briques en indique l'emplacement ; Sorny a subi le même sort ; partout, partout, c'est la même désolation.

Sur le plateau, la route est camouflée, car des coteaux de Bassoles, on a des vues sur le savard d'Antioche.

Une émotion intense s'empare d'Ardenne, lui serre la gorge ; une sourde colère le bouleverse là, à droite, au ravin des « Carniers », sur la pente et en bordure du chemin, tous les pommiers sont coupés à quarante centimètres du sol !

Là-haut, Moizy n'est plus, Antioche n'offre plus qu'un tas blanc de décombres ! Pourtant, ils bombardent toujours, comme pour s'acharner sur des cadavres...

La voie ferrée est arrachée ; le commandant cherche en vain la gare. La carrière de M. Haren est un P. C., chez Marly, plus rien.

Devant lui, dans le lointain un peu brumeux, l'Ailette serpente, bordée encore çà et là, de quelques bouquets de saules et de rares et maigres peupliers ébranchés, — les ennemis ont, paraît-il, pendant l'occupation, fait abattre par des prisonniers russes les plus beaux qui bordaient le canal — ; le Mont-des-Singes, Belle-Vue, La Montagne, sans un buisson, sans un feuillage : la roche blanche est à nu.

Mais où donc est la maison de son ami Lejeune ? On devrait la voir, de là ?

Au tournant du bois de la Gelée, vision tragique, qui le cloue sur place ! Il est attéré, anéanti, hébété. Son village n'est plus, il est mort ! Vauxaillon est effacé du monde !

Rien ! Rien ! Plus rien !

Oh ! les bandits ! les sauvages !

Il cherche en vain l'église pour se reconnaître au milieu de ce chaos volcanique.

Voici le parc du général Dieudonné... C'est bien cela !... Un boyau le traverse, se continue dans le jardin de l'école.... Mais l'école ?.... « sa » belle école, toute neuve ? « sa » maison ? Où est-elle ?...., Il reste un morceau de tourelle ; les sous-sols, creusés, abritent des coureurs.

— « Ne passez pas là, mon commandant, les Boches font du tir indirect au carrefour ; prenez le boyau ! » s'écrie l'un d'eux.

Non ! tant pis ! Il veut voir !

Ce coin, c'est, c'était ! la maison de M. Roquigny, du Maire ; un pilier, à la maison de Mme Magnez porte encore gravé le nom de von Klück qui a établi son quartier général, non, son repaire de fauves, dans le village ; sur la place, le vieux tilleul tend encore quelques moignons informes....

Des officiers américains arrêtent Ardenne... Explications.... invitation à déjeuner... acceptation.... et le commandant monte avec eux à la carrière du Père Léopold transformée en poste de commandement.

. . . .

Pourquoi rester plus longtemps au milieu de ces pierres calcinées ?... Il a la haine au cœur, il voudrait s'en aller, se sauver vite, vite pour échapper à l'horrible vision.

Non, pourtant ! Le cimetière l'attire !...

L'humble nécropole est profanée, comme tout le reste ; les caveaux sont éventrés ; dans certains, on aperçoit les cercueils.

De la « Rivière », les mitrailleurs ennemis ont découvert le « pèlerin » et lui tirent une bande.... Rien à craindre : il y a quinze cents mètres....

Ardenne rampe maintenant au milieu des tombes, et vivement saute dans le boyau qui descend au bout du village....

C'est plus fort que lui, il retourne à l'emplacement de sa maison....

Il voudrait creuser, fouiller, retrouver quelque objet, humble souvenir. Impossible ! Sous le tas de moellons, ce qui restait de son petit mobilier pillé par les vandales, a été écrasé. Pourtant, voici une ferraille en spirale qui sort de terre ; il voudrait emporter ce bout de fer qui résiste !... Là, dans un coin de ce qui fut un jardinet, l'avant-train d'une voiture d'enfant.... celle de sa petite Edmée qui avait déjà servie à son frère Pierre...

C'est trop ! Il ne résiste plus et se sauve en pleurant.

. . . .` . . ..

L'OFFENSIVE DE 1918

A l'armée Gouraud

Le 10 juillet, le bataillon Ardenne est relévé du secteur de Verdun, Bois des Fosses et des Caurières, pour être emmené en auto-camion sur le front de Champagne où le haut commandement s'attend à une attaque prochaine.

Le 14, jour de fête nationale, il cantonne à Bussy, au sud de Souain.

Sans perdre de temps, les officiers supérieurs partent en reconnaissance vers Suippes, les bois de la Croix-en-Champagne et les hauteurs de Valmy.

Le chef de bataillon étudie rapidement sa zone d'action, emmène ses commandants de compagnie, leur expose la mission à accomplir et examine avec eux le plan des contre-attaques, pendant qu'au village, sans perdre leur entrain, à la veille du combat, les troupiers fêtent joyeusement le 14 juillet.

A la nuit, le bataillon alerté prend ses positions de rassemblement dans les bois de sapins, au sud de la Suippe ; tranquillement, les hommes s'endorment sur la mousse.

. . . .

A minuit, l'ennemi attaque avec une violence peu commune ; son artillerie est formidable. Les villages, les camps, les gares, les nœuds de communications sont bombardés avec des pièces à longue portée, causant quelques victimes dans le bataillon.

L'aviation est très active, les rencontres d'avions nombreuses ; une quinzaine de ballons scrutent l'horizon et suivent les moindres mouvements de l'adversaire.

Ardenne, quant à présent en réserve d'armée, assiste en spectateur au grandiose et terrible duel. Le voici à l'observatoire. Le ciel est en feu ; la poussière et la fumée créent des nuages si denses que l'horizon, à droite, se limite vite aux légères ondulations de la vallée de la Suippe.

A l'ouest, les monts de Moronvillers semblent ceints d'une couronne de cuivre rutilant où percent par instants les éclairs fulgurants des centaines de canons qui crachent la mitraille. Reims, plus au loin, disparaît presque sous un ciel de feu, dans une brume épaisse qui miroite de reflets aux mille couleurs infernales.

Le bruit est assourdissant ; la terre est secouée de vibrations continues : on se croirait sur un cratère.

Sans cesse, et à toute allure, les convois emportent aux batteries des provisions pour l'ardente tuerie ; ils repassent vides, avec des résonnances de ferraille et des ronflements poussifs de moteurs épuisés.

— « Commandant Ardenne, on vous demande au P. C. du colonel. »

Nous allons attaquer, pense le chef de bataillon.

— « Eh bien ! bonnes nouvelles, mon cher, ça va en avant ! les Américains ont fait de la rude besogne ! Et vous, là-bas, on se repose? »

— « Oui, on attend, on dort, on fume, on joue aux cartes ; moi, je viens de gagner quarante-deux sous à Dalbouze ! »

— « Ça ne m'étonne guère ; vous ne vous en faites pas. Voulez-vous faire un quatrième en attendant des ordres ? »

. . . .

Les racontars circulent, courent !

« Les Américains auraient évacué les premières positions dans lesquelles le Boche se serait engouffré.... L'artillerie l'aurait aussitôt écrasé... Une division.... deux divisions ennemies seraient anéanties... laissant quinze cents prisonniers entre les mains d'un régiment du Mississipi qui voit le feu pour la première fois... L'Armée Gouraud a remporté une grande victoire !.... »

La bataille dure toute la nuit. Le lendemain, en effet, on crie : victoire ! victoire !

Ardenne n'a rien fait.... « C'est triste, dit-il au colonel ; j'aurais bien voulu être de la « fête » ! »

— « Que vous faut-il ? Vous m'avez gagné vingt sous ; vous ne serez donc jamais content ? » riposte le colonel qui ne perd jamais sa belle humeur.

Un coup de téléphone....

C'est vrai, Gouraud a remporté un grand succès.

Les Américains exultent. Auprès du campement du bataillon, leur musique donne un concert. Les officiers distribuent d'énormes cigares à leurs camarades français. On chante, on boit, on danse ; l'enthousiasme se lit dans tous les yeux.

Un agent de liaison, au pas de course, arrive et tend un pli.

« Rassemblement du régiment immédiatement, départ à la nuit. »

. . . .

... Maintenant les troupiers filent à toute vitesse, par Epernay, Champeaubert, Montmirail, Meaux, vers l'Ourcq... vers la Victoire et... peut-être aussi vers la mort !

———

Bataille de l'Ourcq

Bois du Châtelet

Juillet 1918.

De Meaux, le régiment remonte la vallée de l'Ourcq et cantonne à Coulombs, village qui a souffert des derniers bombardements. Dans la nuit, il doit relever une division engagée depuis trois jours....

Au départ, la troupe fatiguée marche pourtant crânement, malgré l'émotion de l'attaque prochaine ; elle est satisfaite de mener une vie plus active qu'au redoutable secteur de Verdun.

A Gandelu, au pied du vieux château, quelques automobiles et, à côté, un jeune fonctionnaire, élégant, distingué, qui vient assister... de loin, à l'attaque.

— « N'en v'là encore un qui vient gagner l' croix d' guerre ! » clame un Soissonnais avec un mauvais rire.

Le général de division Boyer est là aussi ; il a l'air content ; souriant, la pipe aux dents, il s'avance vers Ardenne en lui tendant la main.

— « Bonjour, mon cher, ça va ? Toujours en train ? Et le bataillon ? »

— « Excellente troupe, mon général ; j'en suis très satisfait ; on peut tout lui demander. »

— « Eh bien ! tant mieux, car demain, je vais lui faire donner un gros effort... Bonne chance, hein ! Je compte sur vous ! »

— « Vous le pouvez, mon général ! »

. . . .

Nuit terriblement noire ; le bataillon qui vient de prendre la tenue d'assaut après avoir déposé les sacs à la ferme de Montécouvé, bivouaque au ravin de Vinly en attendant l'ordre de relève....

22 heures ! En route !

Besnard, avec deux agents de liaison est en reconnaissance. Comment trouver le P. C. du colonel et celui du bataillon, dans cette obscurité complète ? Comment lire une carte ? On ne voit pas à deux mètres. Ardenne marche en tête de la colonne avec son adjudant de bataillon Beaumont et la liaison, tâtonnant, trébuchant dans les entonnoirs, glissant dans la boue... Plus d'arbres, pas de routes, aucun point de repère pour s'orienter et pas moyen d'employer une lampe de poche, car le Boche n'est pas loin.

Des maisons en ruines émergent de l'ombre : c'est Hautevesnes ! Dissimulés contre les murailles, voici un groupe de tanks et là, appuyés sur un tas de moellons, quelques officiers discutent à mi-voix....

— « Bonsoir, Ardenne, c'est toi, mon vieux ? Tu attaques bientôt ? »

— « Bonsoir, Vélain ; te voici dans ton pays, hein ? Ça va barder !... J'attaque Bonnes au petit jour ! »

— « Ah ! dis donc, si mon oncle était là, il trouverait encore bien dans ce chambardement-là, une bonne vieille bouteille pour les camarades, va, et jè t'en dois une depuis quatre ans ! »

— « Allons, adieu ! »

— « Comment, adieu ?... Pas de blague, hein ! Tu pourrais bien dire au revoir,
Quoique l'heure présente ait de trouble et
                              [d'ennui,
Je ne veux pas mourir encore !...... »

. . . .

Route de Courchamps, des décombres encore ; une compagnie américaine remonte de Belleau, Monthiers, où elle a beaucoup souffert, mais aussi durement cogné.

Ardenne doit maintenant appuyer franchement à gauche ; il marche à la boussole, direction : La Grenouillère, nord-est.

— « La Guernouillère !!! n'en v'là un nom ! On va-t-y foutre les Boches dans la mare à « guernouilles », mon commandant ? »

— « C'est à espérer, caporal ; mais parlez moins haut, et assurez la liaison avec la 21me. »

En une heure de marche, dans un chemin creux, troué, barré de quelques fils de fer arrachés et empêtrés dans des branchages et des piquets, la première compagnie arrive, puis, voici les mitrailleurs.... Enfin, à minuit, le bataillon est là.

Sous un buisson, des ombres bougent.

— « Le commandant du bataillon, s'il vous plaît ? »

— « Là, à deux cents mètres ! »

Un jeune capitaine de vingt-cinq ans se présente et passe les consignes.

Le chef de bataillon donne ses ordres et les compagnies gagnent leurs emplacements.

« 23me à gauche en liaison avec les tirailleurs ;

« 22me à droite en liaison avec le ...^{me} R. I. ;

« 21me en soutien.

« Une section de mitrailleuses avec chacune des compagnies de tête, les deux autres en soutien, à la disposition du commandant...

« P. C. du bataillon dans un trou d'obus ; liaison dissimulée dans un champ d'avoine, près d'un sentier. »

. . . .

La nuit est calme ; les troupiers se reposent un peu des fatigues de la journée ; on entend au loin, vers le sud, vers Château-Thierry, une violente canonnade...

Ardenne dort encore, roulé dans sa toile de tente, lorsqu'un agent de liaison lui apporte un pli du colonel, l'ordre d'attaquer, sans doute ! Il essuie tranquillement ses lunettes, ajuste la monture sur ses oreilles et lit :

« Le régiment se mettra en marche dès
« réception du présent ordre dans la direction
« de Bonnes, Le Charme, Brécy, coude de la
« route de Fère-en-Tardenois, le Charmel.

« Dispositif : Bataillon Ardenne, avant-
« garde, prêt à attaquer.

« 21 juillet. 3 heures.

« *Signé :* MALAPERT. »

— « Les commandants de compagnie, à
moi ! » dit Ardenne à l'adjudant de bataillon.

A une vive allure les quatre officiers arrivent, saluent, prennent instinctivement leurs
cartes, et suivent attentivement les explications
du commandant qui expose la situation, puis
donne ses ordres :

— « Attaque du village de Bonnes, poursuivre la progression à fond jusqu'à nouvel
ordre. Compagnie avant-garde : 23me avec une
section de mitrailleuses ; reconnaître le village,
le contourner par le nord, assurer les liaisons
à droite et à gauche.

22me, avec une section de mitrailleuses, en
échelon, trois cents mètres en arrière et à
droite ; arriver le plus rapidement possible à
la corne ouest du bois des Vallées en contournant le village par le sud.

21me : soutien ; avec deux sections de
mitrailleuses sur l'axe de marche du régiment.

Se tenir prêt à attaquer et à bourrer à fond
à la première prise de contact.

Donnez immédiatement vos ordres ; départ
à mon signal. »

. . . .

Le bataillon dévale maintenant les pentes de Bonnes.

Le village, situé au fond d'uue petite vallée, est évacué par l'ennemi ; seuls, quelques observateurs qui sont cueillis au passage et emmenés à l'arrière, habitent encore les ruines. L'église, l'école, plusieurs grandes fermes, et la plupart des maisons sont complètement pillées.

Au nord et au sud du village, quelques coups de feu partent des lisières du bois ; un poste boche, des signaleurs, sans doute, avec une boîte de téléphone de campagne, est enlevé dans un boqueteau ; la progression s'effectue dans d'excellentes conditions, et bientôt, la ferme des Vallées est prise sans coup férir.

Des bois de Bonnes et de la Noue, les tirailleurs ennemis tirent quelques bandes ; la 23me les bouscule et enlève les pièces.

La ferme de Plaisance, fortement occupée, est attaquée, cernée par une section de la 23me qui s'en empare après une vive fusillade et un combat à la baïonnette.

Le bois du Roi est vaillamment défendu. Cependant, les mitrailleurs ennemis ne peuvent arrêter l'élan des assaillants dont les premières vagues bondissent tête baissée, bousculent la résistance, capturant un matériel important.

De nouvelles vagues s'élancent sur le glacis qui sépare la ferme Plaisance des lisières ; une nappe de balles les accueille et couche à terre de nombreux troupiers ; la zone battue est intenable.

Instinctivement, les deux premières compagnies appuient sous le couvert boisé, s'y entassent, malgré les obus qui éclatent, fouaillant les moindres replis du terrain.

Ardenne a vu le danger. Il faut à tout prix éviter une catastrophe, et le seul moyen est de se déployer à larges intervalles avant l'assaut.

Les ordres sont à peine donnés que le bombardement redouble avec force ; les obus explosent avec un bruit sec, déracinent les arbres, coupent les branches, écorcent les troncs ; quelques hommes sont blessés. Près du commandant, l'un d'eux a la face labourée et les jambes arrachées.

Une mitrailleuse allemande bat les débouchés de la lisière est ; le lieutenant Fournier, mitrailleur, met une pièce en batterie pour répondre au feu de l'adversaire : elle est instantanément détruite par un 150 qui en écrase les servants. Le brave officier s'en tire sans une égratignure.

C'est sur la route nationale, à deux cents mètres de là, que sont camouflées, probablement, les mitrailleuses boches : il faut attaquer cette route.

Ardenne qui vient de faire une rapide reconnaissance, lance à l'assaut une section arrêtée net par un feu nourri. Par infiltration, dans un champ de luzerne, une nouvelle attaque se dessine : elle échoue sous un tir d'enfilade venant de la voie ferrée de Bézu-Saint-Germain.

Plusieurs fois aussi, la 22me est repoussée, malgré la vaillance des combattants.

Pourtant, il faut aboutir. Il n'est pas possible d'arrêter la marche de tout un régiment à cause de ces quelques engins. Ardenne veut en avoir raison ; il tient absolument à mener énergiquement la lutte, contribuer au dégagement de Château-Thierry, petite ville qu'il connaît, qu'il aime, où sa famille a trouvé un agréable asile à son retour d'exil.

Déjà, en face du bois de la Canarderie, l'adjudant de bataillon et deux téléphonistes se sont infiltrés par les hautes cultures et sont maintenant dissimulés dans le fossé de la route ; il faut les y rejoindre en contournant la défense par un ravin plus au sud.

En rampant, le chef de bataillon progresse jusqu'à la route, avec sa liaison et une section. L'ennemi, surpris de tant d'audace abandonne sa position, se repliant aux lisières ouest du bois du Châtelet.

Le bataillon tout entier franchit la route nationale sans pertes sérieuses, et l'attaque continue, les mêmes assauts, les mêmes manœuvres, se répétant à chaque ravin, à chaque boqueteau, à chaque lisière, terribles et menés avec acharnement...

Le bois de la Canarderie couvre à peine une surface de quelques hectares ; c'est en quelque sorte une avancée des bois plus importants du Châtelet ; il permet de tenir un étroit défilé, sorte de couloir conduisant à la voie ferrée de Château-Thierry à Fère-en-Tardenois. Aussi est-il sérieusement défendu.

L'ennemi sent parfaitement que ce boqueteau va servir de base de départ pour une nouvelle progression ; aussi arrose-t-il copieusement de 150, de 105 et de 88, le glacis à l'ouest.

Encore une fois, quelques mitrailleuses bien placées arrêtent l'élan des assaillants. Le chef de bataillon fait appel à une section de tanks qu'il dirige lui-même et qui a vite fait de réduire les pièces au silence. Le bataillon bondit.

Une nouvelle rafale enveloppe le fourré ; plusieurs hommes sont touchés, dont l'adjudant de bataillon.

Pour enlever ce massif touffu et bien défendu du Châtelet, Ardenne demande le concours de l'artillerie. Les 155 et les 75 font une terrible besogne dans le taillis dont l'assaut sera tenté le soir.

Mais le colonel en décide autrement. Le bataillon qui lutte victorieusement depuis le matin et qui vient de fournir un gros effort, sera relevé et prendra une nuit de repos...

Le commandant est content : les pertes sont relativement faibles ; ses soldats l'ont émerveillé une fois de plus. Il accepte avec plaisir une tartine de pain, des sardines, un quart de vin offerts par le colonel qui casse la croûte tranquillement, comme toujours, sous la rafale ; puis il emmène son bataillon sur une position de soutien dans les ravins, un peu à l'abri, et il s'endort profondément.

. . . .

Le 22, le bataillon reste en réserve aux abords de la ferme du Charme. Le P. C. est dans une carrière abandonnée remplie de munitions laissées par l'ennemi. Ardenne se repose das un trou creusé à la hâte, recouvert de branchage et d'une toile de tente.

Tout près, un cimetière boche aux nombreuses tombes fraîchement comblées, et au bord d'une fosse, le cadavre d'un officier d'artillerie tout noir, gonflé à craquer, rongé par les vers qui grouillent par milliers et qui, déjà, dégage une atroce odeur de chair en putréfaction.

A midi, le commandant fait sa ronde. Il trouve des figures réjouies, bien reposées par une nuit calme ; le ravitaillement a été excellent ; la gniole et le pinard n'ont pas manqué ; tout le monde se sent ragaillardi....

En avant, le 5ᵐᵉ bataillon continue . le combat aux bois du Châtelet.

L'artillerie ennemie fouille les vergers, les haies, les cultures, les lisières, les fourrés avoisinant la route nationale. Une salve de quatre 150 éclate près d'Ardenne qui tombe fortement contusionné. Son manteau, seul, est troué d'une douzaine d'éclats.

La progression s'accentue en première ligne. Vélain, capitaine adjudant-major, tombe, le front troué par une balle. Les pertes sont sévères et le colonel s'apprête à faire . intervenir le bataillon Ardenne qui vient prendre position sur une base de départ au fond d'un ravin.

Mais un aviatik a vu le mouvement. Il a renseigné l'artillerie et le bombardement commence.

Aux premiers obus, le lieutenant Négroni est blessé grièvement ; il n'en continue pas moins à donner ses ordres à sa section légèrement abritée dans un fossé voisin.

Un sifflement lourd annonce une nouvelle bordée. Le commandant Ardenne qui s'apprête à rejoindre maintenant sa troupe bien camouflée dans le ravin, tombe, touché à son tour. Le sang coule à flots de ses jambes meurtries. Impossible de se tenir debout. Sous la rafale, le signaleur Perdrix s'élance, bravement, pour sauver son chef.

Le médecin-major panse l'officier. Celui-ci maîtrise sa douleur et essaie de lutter contre l'énervement qui le secoue tout entier....

Ardenne, maintenant a passé le commandement à son dévoué capitaine adjoint ; il serre les mains qui se tendent, remercie le major et tristement s'éloigne sur un brancard vers l'ambulance où il arrive, perdant son sang abondamment, grelottant et fiévreux.

Là, ses pansements sont renouvelés ; puis il est envoyé aux voitures sanitaires, de l'autre côté de la crête, à la ferme des Vallées qu'il gagne péniblement sous le feu des mitrailleuses poursuivant les brancardiers.

Voici le général ; il salue les blessés...

— « Le commandant Ardenne est parmi eux, mon général, là, dans cette voiture », dit l'aumônier.

— « Comment, encore vous, Ardenne, blessé une nouvelle fois !... Vous ne paraissez pas souffrir ?... Mais vous êtes fort, je sais, vous savez vaincre votre douleur. » Et vite, en se tournant : « Donnez un verre de café au commandant.... »

— « Votre bataillon a été admirable, je ne l'oublierai pas ! Au revoir ! Bonne et rapide guérison ; revenez-nous vite ; il y aura toujours une place pour vous à la division ! »

Le commandant remercie, salue, et l'auto sanitaire roule à grande vitesse vers Meaux, par Monnes, Gandelu, Crouy-sur-Ourcq, sur des chemins défoncés dont les cahots aiguisent la souffrance des blessés.

La mort du capitaine Vélain

Le 22 juillet, à 9 heures 55, le bataillon de la Noë reçoit l'ordre de renouveler l'attaque des bois du Châtelet et de donner l'assaut à 10 heures.

De cette position admirablement choisie, fortement et facilement défendue, l'ennemi tient sous ses feux croisés de mitrailleuses la route de Château-Thierry, base de départ de l'attaque et il a, de la ferme Génevoix, un excellent flanquement qui rase les pentes montantes des bois.

A l'heure fixée, le lieutenant Sautreau lance sa compagnie à la baïonnette ; le capitaine adjudant major Vélain, en tête, dirige les premières vagues.

La progression, au début, est relativement facile ; mais à quarante mètres des lisières, les mitrailleuses prussiennes se dévoilent, déclanchent un feu très meurtrier qui fauche une bonne moitié de la compagnie. Les survivants se couchent.

Vélain et Sautreau essayent de tourner la défense et s'approchent en rampant avec un petit groupe sur la droite du boche, à portée de grenades.

Là, dans un buisson, on manœuvre une mitrailleuse...

— « Allons, les gas, sautons sur celle-ci ! »

Le groupe bondit ; une salve le décime ; quatre hommes sont tués et tombent les bras en croix, la figure sur la terre, le fusil en avant ; les vêtements des officiers sont percés de balles.

En arrière, à une dizaine de mètres, le commandant de la Noë dirige une contre-attaque.

L'ennemi, de son côté, se prépare à exécuter un mouvement car son feu semble hésitant et se ralentit.

Vélain sent que l'Allemand va surgir des broussailles. Il n'attend pas ; prend carrément l'offensive, criant : « En avant, à la baïonnette ! Hardi, les gas ! »

Une balle lui fracasse le crâne qui éclate, tout rouge. Le sang bouillonne à flots de l'horrible blessure.

Sautreau veut secourir son chef ; rien à faire, la mort a été foudroyante.

Alors, en hurlant, les Prussiens dévalent des lisières. La compagnie, décimée, se replie sans pouvoir enlever ses morts. Mais des renforts arrivent et une contre-attaque nous rend le terrain perdu et les vaillants camarades tombés. là tout à l'heure....

Le 23, Ardenne, grièvement blessé, passe à l'ambulance du Charme où repose le capitaine Vélain. Le cœur serré par une poignante émotion, il salue celui qui fut, pendant quatre ans, son camarade de combat et son meilleur ami.

Sous le bistouri

24 juillet 1918.

Vers minuit, le triste convoi arrive à Meaux, hôpital d'évacuation. Le commandant Ardenne est dirigé sur l'ambulance chirurgicale pour être opéré immédiatement.

Le mot « opérer » lui fait passer un frisson d'angoisse. Il n'aime pas le bistouri et il se rappelle un chirurgien de grande renommée — mais une brute — ouvrant le ventre d'un lieutenant avant l'action anesthésique du chloroforme et « charcutant » si cruellement que l'officier s'écria : « Mais je ne dors pas encore ; vous pourriez attendre un peu... » Le « boucher » fit d'ailleurs semblant de ne pas entendre.

C'est à l'hôpital temporaire qu'on opèrera Ardenne. Il connaît fort bien cette hospitalière maison pour y avoir été entouré des soins les plus maternels à la suite d'intoxication par gaz asphyxiants en 1915... Mais tout le personnel est changé ; c'est triste !

On le descend dans une grande salle sombre où des infirmiers hargneux et bougonnants d'être réveillés si tôt le bousculent comme un colis, lui arrachent des vêtements qu'ils doivent couper autour des jambes, le dépouillent et jettent ses défroques ensanglantées dans un coin, le laissant nu comme un ver, sur une couverture qui gratte.

Voici bientôt un monsieur plus distingué, plus élégant, portant un « barbichon » et un rasoir : c'est un garçon coiffeur.

— « Pour opérer, dit-il, nous sommes obligés de couper les poils autour des plaies. »

— « Faites donc, monsieur. »

Et le voilà qui barbouille Ardenne et lui rase les cuisses.

— « Mais, dites donc, vous êtes bien touché ! Je remarque de nombreuses blessures! »

C'est maintenant le radiographe qui opère ; lui ne dit pas un mot. Il se frotte les yeux embués, tourne un bouton électrique et dicte à un autre monsieur qui paraît être un curé :

« 1° Plaie pénétrante de la cuisse droite, petit éclat, deux travers de doigt au-dessus du genou ;

« 2° Plaie pénétrante de la cuisse gauche, éclat de deux centimètres dans la partie postérieure de la cuisse, à un travers de main de l'articulation du genou ;

« 3° Eclat, grosseur d'un pois, logé dans le fémur gauche, à trois travers de doigt du genou. »

C'est tout pour le radiographe qui ne s'occupe que des corps étrangers à extraire. Il fait un croquis, indiquant sur un schéma l'emplacement exact des éclats, tandis que le scribe interroge le commandant, lui demandant ses nom, prénoms, âge, profession, religion, ainsi que ceux de ses parents, de sa femme et de ses enfants !!!

Dans la salle, au-dessus, on opère. Ardenne y arrive sur un brancard. Il fixe tout de suite le chirurgien. Comme il a l'air doux et affable! Il est tout jeune, cause avec calme et courtoisie. Son infirmière, très distinguée, s'excuse presque de sa rude besogne.

La salle est toute blanche, d'une propreté qu'Ardenne n'a jamais rencontrée dans un hôpital militaire. En un mot, cette « équipe » chirurgicale est presque encourageante !

On approche le brancard du « billard », Ardenne s'y installe tout seul, sans aide et s'allonge.

— « Il faut que je vous attache », dit l'infirmière, pendant que le chirurgien palpe les jambes du blessé.

— « Sentez-vous, ici ? »

— « Oui, vous me piquez ! »

— « Bien. Aucun nerf sérieusement touché, vous souffrirez, mais rien à craindre pour l'avenir. Ce sera long, vous avez là un grand trou. Bon courage, mais, vous en avez vu d'autres. »

« Allez, Mademoiselle ! »

Le commandant est attaché, fortement ligotté. L'infirmière lui recouvre le visage d'une cagoule et dit doucement : « Respirez, respirez bien ! »

Ardenne éprouve une sensation d'horreur ; de violents hoquets le déchirent ; des images fantastiques dansent devant ses yeux comme dans un kaléïdoscope ; peu à peu il s'endort dans un rêve indéfinissable...

. . . .

Peu à peu, l'officier revient à la vie... Où est-il ?.... Il se souvient maintenant !... Des pansements volumineux entourent ses cuisses.

Voici une infirmière, le chirurgien :

— « Tenez, je vous ai enlevé ces deux morceaux de ferraille ; un autre, très profondément ancré, est resté dans le fémur ; j'ai jugé inutile de l'ôter ; vos autres plaies ne sont que des égratignures. Reposez-vous ! »

— « Pardon, voulez-vous me donner quelques renseignements pour mes états ? » demande un infirmier.

Et Ardenne donne une fois de plus ses nom, prénoms, âge, profession, religion, ainsi que ceux de ses parents, de sa femme et de ses enfants, et de la personne à prévenir en cas de décès.

C'est très rassurant ! ! !

Evacuation

Juillet 1918.

— « Vous en avez pour six mois, au minimum, mon commandant ; ces jambes tailladées ne vous porteront pas de sitôt ! »

— « Alors, je ne reverrai plus mes vaillants troupiers, car la victoire est proche ! Mais que faites-vous de moi, docteur ? »

— « Je vous évacue demain sur Toulouse, ou Orléans. »

Ardenne est heureux de quitter Meaux où règne le plus beau désordre, où il faut supplier pour avoir une goutte d'eau qu'on apporte dans une boîte de conserve crasseuse, noire, puante, où il faut se plaindre dix fois pour faire renouveler un pansement... Il pardonne, il y a tant de blessés !

A la gare, on le laisse en plein soleil sur son brancard ; à ses gémissements, un lieutenant d'administration gros, gras, trop gros et trop gras pour son ceinturon trop étroit, répond dans un grognement : « Qu'est-ce qu'il a celui-là ? Il peut attendre comme les autres ! »

— « Il a une douzaine d'estafilades dans les jambes. »

. . . .

A Orléans, les blessés stationnent dans un hôpital de triage ; ceux qui ne peuvent supporter le voyage sont soignés dans la ville ; les autres partent plus au sud.

Ardenne est dirigé sur une ambulance voisine ; là, à l'arrivée, comme au départ, au bout de trois jours, il donne à un « scribe » ses nom, prénoms, âge, profession, religion, ainsi que ceux de ses parents, de sa femme et de ses enfants, et il est expédié, comme un colis, étiquette au cou, sur Toulouse, Poitiers ou Bayonne.... on verra en route !

Départ : 13 heures.

A midi, les blessés sont placés sur les brancards.

Erreur, le train part à 14 heures.

On attend !

Nouvelle erreur, c'est à 16 heures le départ !

On attendra !

On attendra même jusqu'à 20 heures.

Les malheureux gémissent, Ardenne proteste.

— « Y nous en...nuie, c'lui-là ! » dit un brancardier.

Enfin la machine siffle, haletante. Avec une peine inouïe, elle arrache la longue file de wagons et les « héros mutilés que l'on aime ! ! ! », « les sublimes défenseurs de la Patrie » que l'on soigne avec tendresse ! ! !, s'éloignent, bousculés, cahotés, dans des voitures dont les Américains ne voudraient pas pour leurs chevaux.

Les souffrances d'Ardenne sont atroces ; ses plaies saignent, la fièvre le mine. A Montauban, pour se rafraîchir, il achète des pêches qu'une âme charitable lui offre à trente sous pièce !

Toulouse ! Toulouse !

Enfin !

Sur les quais, un médecin bourru, soufflant comme la locomotive, crie, tempête, bouscule, reçoit les blessés éreintés, pantelants et les parque comme des bestiaux.

— « Encore un qui n'a pas vu les Boches », murmure un petit artilleur qui a les jambes broyées.

Ardenne donne à un « scribe » du service médical ses nom, prénoms, âge, profession, religion, ainsi que ceux de ses parents, de sa femme et de ses enfants, puis on le dirige vers l'hôpital....

A l'hôpital, Ardenne apprend la récompense décernée à son régiment.

Citation

Le général Degoutte commandant la VIme Armée cite à l'ordre de l'Armée :

Le 320me Régiment d'Infanterie :

« Sous la direction sage et éclairée du
« colonel Malapert, chef adoré de ses hommes,
« a pris une part glorieuse aux opérations vic-
« torieuses des journées du 21 au 28 juillet
« 1918, au sud de l'Ourcq ; a réalisé une
« avance de treize kilomètres, enlevant un vil-
« lage et des bois fortement organisés et énergi-
« quement défendus. A facilité la progression
« des unités voisines opérant à sa droite, a
« fait des prisonniers, enlevé deux canons,
« soixante-sept mitrailleuses et un matériel
« important.

« Aux Armées, le 7 septembre 1918.

« *Signé :* Général DEGOUTTE. »

La fourragère

Octobre 1918.

Les voici à l'honneur, ces réservistes, ces auxiliaires envoyés au front après trois mois d'entraînement ; ces « Marie-Louise » des classes 14-15-16-17-18, venus de tous les points du territoire et qui n'ont pas eu un an de caserne.

Les voici à l'honneur, ces gradés qui se sont dévoués sans compter depuis quatre ans, versant leur sang et laissant toujours quelques-uns d'entre eux sur tous les champs de bataille de l'Oise aux Vosges !

Le voici à l'honneur, le chef admirable, le « grand-père », qui a su par son noble exemple former un régiment d'élite qu'il n'a pas quitté un instant depuis sa création !

Il est à l'honneur, le glorieux étendard ; avec la seconde citation à l'ordre de l'Armée : le Régiment reçoit la fourragère.

Les gradés et les troupiers sont fiers d'appartenir à l'héroïque phalange des corps à fourragère qui ont brillamment lutté chaque fois qu'ils étaient engagés et souffert sans se lamenter dans les plus terribles secteurs.

Quant au commandant Ardenne, hors de combat, il ne jouira pas du bonheur commun !

Cahoté dans son pousse-pousse que dirige un Sénégalais blessé à la tête, il circule tristement sur les bords de la Garonne en pensant avec d'âpres regrets à ses vaillants troupiers qui viennent encore de se distinguer sur l'Aisne ; à ses chefs énergiques et braves, sévères, mais si bons, payant de leurs personnes, crânement, en première ligne et jusqu'aux postes d'écoute !

Il ne partagera plus leurs misères et leurs joies ; mais de toute son âme, il les suivra sur la Meuse et le Rhin, au travers du pays reconquis.

Il n'entendra pas les acclamations des exilés, des emmurés de quatre ans, s'élançant à la rencontre des « Bleu-horizon » ; il ne vivra pas ces heures d'enthousiasme du retour victorieux au pays abandonné pendant la sombre retraite !

Malgré l'espoir d'une guérison complète, les éloges et les témoignages de sympathie qui lui arrivent nombreux de ses chefs comme de ses subordonnés, Ardenne ne peut se consoler d'avoir quitté la « grande famille » avant la déroute complète de l'ennemi qui s'annonce prochaine....

C'est dur de tomber avant la victoire !...

TABLE DES MATIÈRES

CENTRE D'HISTOIRE
CONTEMPORAINE
BIBLIOTHEQUE

EN PREPARATION :

QUELQUES HISTOIRES DE GUERRE POUR LA JEUNESSE

(L'auteur serait reconnaissant aux lecteurs de lui signaler les actes de bravoure accomplis par les militaires de la 52ᵐᵉ D. I.. Il ne sera fait état des documents qu'avec autorisation.)

ERNEST
MEININGER
FIAT LVX